U0506480

君子之兵

青铜剑与草原文化

邵会秋 著

上海古籍出版社

图书在版编目（CIP）数据

君子之兵：青铜剑与草原文化 / 邵会秋著. —上海：上海古籍出版社，2022.7
ISBN 978-7-5732-0276-5

Ⅰ.①君… Ⅱ.①邵… Ⅲ.①青铜器（考古）-兵器（考古）-中国-图录 Ⅳ.①K875.82

中国版本图书馆CIP数据核字（2022）第092146号

君子之兵：青铜剑与草原文化

邵会秋　著

上海古籍出版社出版发行

（上海市闵行区号景路 159 弄 1-5 号 A 座 5F　邮政编码 201101）

（1）网址：www. guji. com. cn
（2）E-mail：guji1 @ guji. com. cn
（3）易文网网址：www. ewen. co

上海雅昌艺术印刷有限公司印刷

开本 890×1240　1/32　印张 7　插页 6　字数 130,000
2022 年 7 月第 1 版　2022 年 7 月第 1 次印刷
印数：1-2,100

ISBN 978-7-5732-0276-5

K · 3143　定价：78.00 元

如有质量问题，请与承印公司联系

目录

引言

　　1965年冬，湖北省江陵望山1号墓中出土了一件国宝级的青铜剑，剑的主人就是因"卧薪尝胆"的故事而家喻户晓的春秋五霸之一——越王勾践。这把剑长55.7厘米，宽4.6厘米，剑身中脊起棱，饰黑色菱形花纹，正面近格处有"越王鸠（勾）浅（践）自乍（作）用剑"八字的鸟篆铭文。剑格正面镶嵌蓝色琉璃，背面嵌绿松石（图一）。越王勾践剑是湖北省博物馆的镇馆之宝，它深埋地下2 500年却依然锋利无比，据说有人曾试其锋芒，稍一用力就可将二十层白纸划破，足以显示出古人制剑之精良。剑的历史悠久，因其特殊的象征意义而受到广泛重视，被誉为"百兵之祖"，是历朝历代王公帝侯、文士侠客、商贾庶民所追捧的对象。除了这把剑之外，勾践还热衷于搜集和珍藏名剑，并监造了八把名剑，在东晋时期王嘉所著《拾遗记》卷十中即有如下记载：

　　越王句践使工人以白马白牛祠昆吾之神，采金铸之，以成八剑之精。一名掩日，以之指日，则光昼暗，金，阴也，阴盛则阳灭；二名

图一　越王勾践剑

断水，以之划水，开即不合；三名转魄，以之
指月，蟾兔为之倒转；四名悬翦，飞鸟游过，
触其刃，如斩截焉；五名惊鲵，以之泛海，鲸
鲵为之深入；六名灭魂，挟之夜行，不逢魑
魅；七名却邪，有妖魅者，见之则伏；八名真
刚，以切玉断金，如削土木矣；以应八方之气
铸之也。

　　剑是一种用于近距离格斗的短兵器，兼有斩杀和刺
杀功能。它由剑柄、剑格和剑身组成。剑柄又称"茎"，
剑柄的末端称"首"，剑柄和剑身之间的护手称"格"，
剑身中线的凸起称"脊"（图二）。
　　文献中"剑"字最早见于金文，在西周晚期的师同
鼎[①]（图三）铭文中就包含"剑"字（图四，1）。这件鼎
出自陕西省扶风县周原遗址的一处青铜器窖藏中，鼎腹
内壁有铭文7行54字，铭文大意为：师同从某大臣征伐
戎，斩杀并俘获了一批敌人，得到车马五辆、大车二十
辆、羊一百只等战利品，又将缴获敌人的鼎、铺、剑等
铸成祭祀用的铜鼎，子子孙孙永宝用。从铭文中可以看
出西周时期北方的戎人已经广泛使用青铜剑了。
　　后来的楚系帛书、秦系简牍以及小篆的"剑"字
虽然与金文有一定差异（图四），但都是以金文为基础。

―――――――――――

① 　陕西周原扶风文管所：《周原发现师同鼎》，《文物》1982年第12期。

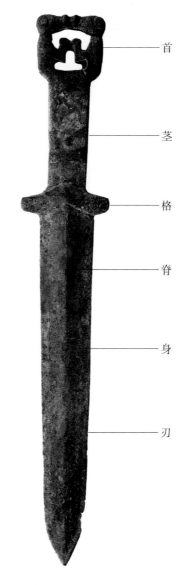

首

茎

格

脊

身

刃

图二　青铜剑主要部位名称

图三　师同鼎及其铭文

图四　"剑"字的早期字体

1. 金文　2. 楚系帛书　3. 秦系简牍　4. 小篆

《说文解字》说，"剑，人所带兵也"，所以从功能上讲，剑最开始就是作为武器使用的。刘熙《释名·释兵》说："剑，检也，所以防检非常也。"可以看出剑又是以防范"非常"的防身卫体武器。除了上述的武器和防身功能外，剑这种短兵器，也是我国古人所钟爱的配饰，周秦汉唐2 000多年间，一直盛行佩剑之风（图五）。尤其在上层社会，世家子弟皆需佩剑。《晋书·舆服志》载："汉制，自天子至于百官，无不佩剑，其后惟朝带剑。"贵族佩剑是身份、地位的象征，也是一种富贵的标识，剑的配饰作用远远超过了其防身护体的实际功用。为了显示地位和富贵，佩剑装饰得极为精致华美。古代文人墨客也对剑情有独钟，留下许多唯美的诗句。贾岛《剑客》中写道："十年磨一剑，霜刃未曾试。"大名鼎鼎的诗仙李白也十分好剑，诗句中常常谈及，如"抚长剑，一扬眉，清水白石何离离"（《扶风豪士歌》），"停杯投箸不能食，拔剑四顾心茫然"（《行路难·其一》），"抚剑夜吟啸，雄心日千里"（《赠张相镐二首·其二》），"愿将腰下剑，直为斩楼兰"（《塞下曲六首·其一》）等。

从考古发现看，中原地区的青铜剑出现得比较晚。夏商时期中原地区青铜铸造业发达，但唯独不见自身特色的青铜剑，武器中占主导地位的是青铜戈。中原地区青铜剑的流行始于周人，周人使用的是一种扁茎柳叶形青铜剑，这种青铜剑在周人的老家——关中地区以及分封的诸侯国故地都有发现。

图五　陕西潼关税村隋代壁画墓佩剑图[1]

———————

①　陕西省考古研究院:《陕西潼关税村隋代壁画墓发掘简报》,《文物》
2008年第5期。

东周时期是青铜剑铸造的巅峰。中国北方、东北和巴蜀等地区的青铜剑铸造都得到了空前发展，仅近年在北京延庆军都山东周墓地的发掘中，就出土了近百件青铜剑[①]。如果从铸造水平来看，东周时期中原和吴越地区的青铜剑要远远领先于其他地区，其中尤以吴越出产的青铜剑最为上乘。《周礼·考工记》载："吴越之金锡，此材之美者也。"《搜神记》中关于干将和莫邪的铸剑故事家喻户晓，而干将、莫邪和欧冶子等铸剑名师都是吴越人，考古出土的越王勾践剑和吴王夫差剑也都是出自这一时期的吴越地区。此时中原和吴越等地青铜剑的形制也基本定型，被称为"东周式铜剑"。各地青铜剑的形制和标准相对统一，除了技艺最高超的吴越地区，其他地区也大量出土类似形制的青铜剑（图六、图七）。这一时期青铜剑不仅数量增多，剑体也加长了，《楚辞·国殇》云，"带长剑兮挟秦弓，首身离兮心不惩"，足以说明长剑在这一时期流行的普遍性。但东周之后，青铜剑逐渐衰落，至两汉时期已完全被铁剑取代。

尽管中原地区春秋战国时期的青铜剑铸造业非常发达，但青铜剑形制较为单一。从青铜剑的起源和发展来看，北方草原才是早期青铜剑的主要分布区，草原人群具有极强的创造力，这里的青铜剑形制丰富多样。青铜剑也是草原文化中最具特色的器物之一，是草原武士身

---

① 北京市文物研究所：《军都山墓地》，文物出版社，2007年。

图六　涿鹿故城出土"东周式铜剑"

　　2016年出土于张家口涿鹿故城遗址，圆柱状柄首，直刃，剑身截面呈菱形，中脊凸起，素面。剑格装饰有绿松石嵌出的兽面纹。柄上有两箍，圆盘状柄首，饰有环状纹。剑柄上有织物包裹痕迹。通长60厘米，剑柄长9.2厘米，剑身长50.8厘米，剑身宽4.8厘米。

图七 湖南出土的"东周式铜剑"（湖南博物馆藏）

君子之兵：青铜剑与草原文化

份和地位的象征，想了解草原文化就离不开草原地区的青铜剑。在本书中，我们将展现草原文化中种类繁多的特色青铜剑，带领读者踏上丰富多彩的青铜剑之旅，共同领略草原文化的独特魅力。

草原文化与青铜剑

欧亚草原是世界上最广阔的草原地带，自欧洲多瑙河下游起，呈连续带状向东延伸，经东欧平原、西西伯利亚平原、哈萨克丘陵、萨彦—阿尔泰山系、蒙古高原，直达中国东北的松辽平原，东西绵延一万多公里。南北则从俄罗斯和西伯利亚南部森林延伸至今哈萨克斯坦、乌兹别克斯坦等国沙漠边缘。这一地区地理环境复杂多样：北部，森林向南自然延伸至草原地带，形成了森林—草原过渡带；南部则是由草原向沙漠过渡，形成了荒漠草原带；中部是典型的草原、半干旱草原；此外，在乌拉尔山、萨彦—阿尔泰山和天山山脉等较大的山系中则分布着山地草原地带。欧亚草原大都位于温带大陆性气候区，常年干旱少雨，土壤较为贫瘠，不适宜耕种，但丰富的草场资源为畜牧业的发展提供了便利的条件，几千年来畜牧业一直是本地居民的主要生业方式。特殊的自然地理环境和经济方式，孕育了发达的草原文明。公元前1千纪，草原人群创造了灿烂的游牧文化，包括黑海北岸的斯基泰文化、伏尔加—南乌拉尔地区的萨夫罗马泰—萨尔马泰文化、哈萨克斯坦的萨卡文化、米努辛斯克盆地的塔加尔文化、阿尔泰的巴泽雷克文化、以阿尔然王冢为代表的图瓦早期游牧文化、蒙古的石板墓遗存以及中国北方长城地带的众多考古学文化（图八）。

在中原文献的记载中，草原文化人群扮演了中原王朝和其他农业文明毁灭者的角色。但是在世界系统中，他们又是信息传播者，促进了东西方文明的交流。欧亚草原和中国北方地区特殊的地理环境创造了不同于南部农业文明的牧业文明，而延绵不绝的草原也是文化交流的重要通道。这一地带几千年来都是物品、技术、宗教信仰和艺术的集散地。草原也被认为是世界文明的"传送带"，促进了欧亚地区很多重要文化成果的散布。

青铜剑是草原文化兵器系统的重要组成部分，分布广泛，种类丰富，存续的时间也很长。它的演变体现出草原兵器系统的变化与发展，它的传播也反映了北方地区与欧亚草原和中原地区间的交流。

草原人群不仅大量地制作和使用各种不同形制的短剑，还将其刻画在岩画和鹿石等遗存上。

岩画是世界上流行最为广泛的一类遗存，其分布区域之大，题材之多样，为其他艺术所难以比拟。在草原地区，岩画艺术尤为繁盛。草原地区的岩画与草原部落的生产、生活息息相关，图案以动物为主，主要体现草原人群生产、狩猎、生活和祭祀等场景，其艺术创作是草原人群现实生活和精神世界的反映，具有极高的历史价值和艺术价值，是草原畜牧和游牧人群留下的宝贵的

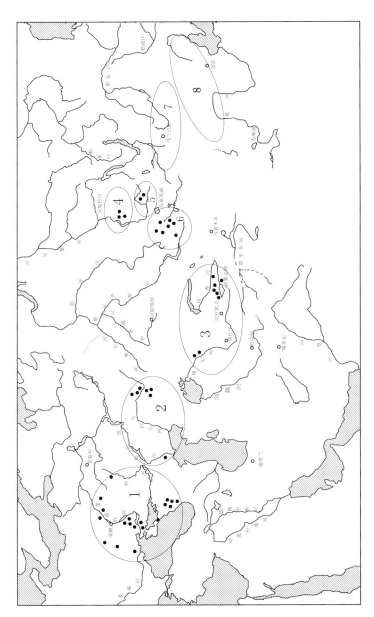

图八 欧亚草原地区早期游牧文化分布示意图

1. 斯基泰文化 2. 萨夫罗马泰文化 3. 萨尔马泰文化 4. 塔卡尔文化 5. 图瓦早期游牧文化 6. 阿尔泰巴泽雷克文化 7. 蒙古石板墓遗存 8. 中国北方长城地带

草原文化与青铜剑 **17**

文化遗产。在俄罗斯米努辛斯克盆地奥格拉赫特山麓的岩石板上，发现了多处岩画，其中最著名的一块被称为"萨满石岩画"，这块石板上刻画了约164幅图像，包括动物、车、短剑和人面等图案（图九）。其中短剑图案非常突出，不仅数量众多，在整个岩画中占据着重要位置，构图还很丰富——既有单个的短剑，也有人手持短剑刺杀的画面。这些短剑风格统一，在中国北方地区发现的类似形制的短剑主要流行于西周时期。虽然这幅岩画的图案以及制作方式均存在差异，且存在较多的打破关系，但从短剑的形制看，这幅岩画的主体创作年代应相当于西周时期。

鹿石是一种草原地区特有的祭祀性遗存，广泛分布于蒙古地区，是用花岗岩、大理石和玄武岩雕刻出的一种伫立于地表的拟人化石柱，因表面阴刻风格化的奔鹿形象而得名（图一○）。鹿石是蒙古最古老、最雄伟的类人形雕塑艺术[①]，是草原民族创造出的独一无二的物质遗存，为世界文化和艺术宝库增添了引人注目的瑰宝。

鹿石一般高2~5米，形制大都为形状规则的圆角扁四棱柱，也有部分呈不规则柱状。石柱的窄面象征人的正面，人的侧面则用石柱的两个宽面表现，在相当于腰的位置雕刻腰带，且腰带上（或相当于腰的位置）常悬

[①] B. B. 沃尔科夫著，王博等译：《蒙古鹿石》，中国人民大学出版社，2007年。

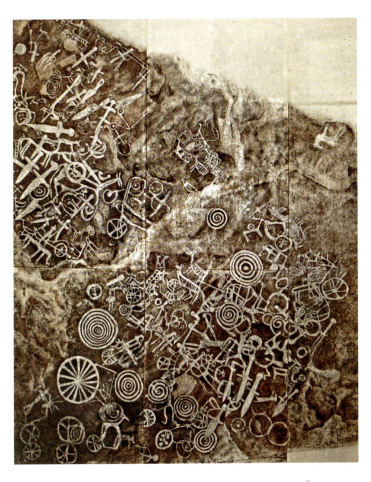

图九　俄罗斯米努辛斯克盆地奥格拉赫特岩画[1]

---

① E. S. Anninsky, *Cave Art of the Middle Enisey*, Zheleznogorsk, 2007, fig.196.

1   2

图一〇　蒙古鹿石[①]

1. 蒙古后杭爱省　2. 蒙古科布多省

①　Turbat Ts., "Deer Stones of Mongolia", *Archaeological Relics of Mongolia*
(6), Ulaanbaatar, 2016, fig.47, 199.

挂各种武器和工具，短剑是其中最为常见的器物之一。这些雕刻在鹿石上的短剑大都配有剑鞘，依据剑柄顶部的形状可以区分出兽首形、菌首形、环形、轮形和双鸟回首形等不同形制（图一一、图一二）。青铜剑图案被广泛地应用于鹿石之上，表明它是草原人群生活中的一种重要器具，此外，相较于其他刻画在鹿石上的器物，青铜剑的形制变化相对明显，因此，鹿石上刻画的短剑对判断鹿石的年代具有重要的参考意义。

草原文化人群对青铜剑的喜爱不仅体现在数量之多、形制之繁上，还体现在青铜剑制作之精良、装饰之精美上。草原人群偏爱动物纹，以动物纹装饰短剑也是草原文化的一大特色，图瓦地区阿尔然2号王冢出土的短剑就是典型的草原文化风格短剑的代表。

阿尔然2号王冢位于叶尼塞河上游的萨彦岭和唐努乌拉山之间的俄罗斯图瓦共和国。王冢坐落于亚洲腹地的乌尤克高地上，相对于地势低洼的图瓦盆地来说，显得非常醒目，墓葬所在的位置被誉为图瓦的"帝王谷"。2号王冢是1998~2002年由俄罗斯学者主持发掘的[①]，保存状况完好。墓葬的地表部分是直径80米、高2米的圆形坟丘，地下由多个竖穴土坑墓室构成，其中最大的墓室用西伯利亚桦树圆木搭建而成。椁室内葬有1男1

① Von Konstantin, V. Cugunov, *Der skythenzeitliche Furstenkurgan Arzan 2 in Tuva*, Verlag Philipp Von Zabern·Mainz, Berlin, 2010.

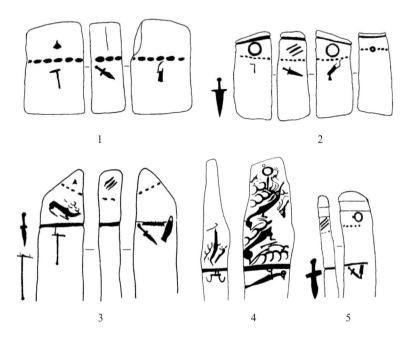

图一一　鹿石上的短剑

1. 巴彦洪戈尔省博格多县布恩查格敖包1号鹿石　2. 科布多省达尔维县楚鲁金奥格多赫2号鹿石　3. 科布多省达尔维县楚鲁金奥格多赫1号鹿石　4. 库苏古尔省格勒特苏木2号鹿石　5. 扎布汗省台勒门县5号鹿石

图一二　蒙古扎尔嘎朗特省鹿石

女，男性居北，女性居南，均侧身屈肢，头向西北（图一三）。阿尔然2号王冢累计出土9 000余件随葬品，其中金器达5 700件，总重20千克，男主人颈部佩戴的一件金项圈重达1.5千克（图一四），这是整个欧亚草原区域内迄今发现的随葬品最为丰富的一座墓葬。有学者依据墓葬中的随葬品及其出土位置，对墓主人的服饰进行了复原。男性墓主人年龄为40~45岁，腰间随葬了1件金柄短剑，这件短剑的剑柄、剑格和剑脊上都装饰着繁缛的动物纹（图一五），包括对称的猛兽及成排的鹿和羊等，造型精美绝伦，彰显出墓主人尊贵的地位。这件短剑珍品不仅反映了草原人群高超的铸剑技术，还突显了草原文化丰富的艺术内涵。

广阔的草原具有较强的开放性和包容性，草原文化兼收并蓄，体现出多元化的特点。草原文化是中华文明的重要组成部分，在这片土地上孕育了一批与南部大河流域农业居民完全不同的游牧民族。一方面，他们与农业居民互相依存又互相斗争的过程构成了中国历史的重要内容，"国之大事，在祀与戎"（《左传·成公十三年》），用"戎"字代指战争，显示出中原人群与北方戎狄部落斗争的频繁；另一方面，他们不断给中华民族的融合输送新鲜血液，在中国版图的形成过程中，发挥了极重要的作用，对中华文化的形成和发展产生了广泛而深远的影响。战国时期，赵武灵王"胡服骑射"，借鉴草原人群的文明成果，进行重大的军事改革，以短衣窄

图一三　阿尔然2号王冢墓室

图一四　阿尔然2号王冢出土的金项圈

图一五　阿尔然2号王冢墓主人复原图和短剑

袖的"胡服"取代宽袍大袖的汉装，以轻骑捷利的"骑射"取代滞重的兵车。这次成功的改革，使赵国实力大增，此后，赵国灭中山国，败林胡、楼烦，辟云中、雁门、代三郡，并修筑了"赵长城"。在中国历史上，匈奴、乌桓、鲜卑、突厥、契丹和蒙古等众多草原部落不断南下，甚至很多游牧政权都曾入主中原，他们不仅带来了缤纷多彩的草原文化，也最终成为中华民族不可或缺的组成部分。

由于社会和历史的原因，古代的草原民族大都没有自己的文字，流传下来的相关文字记载主要是依靠中原文献的转述，不仅数量少，其间的误传还很多，即使在一些信史中也有不客观的记载。《史记·匈奴列传》记载："匈奴，其先祖夏后氏之苗裔也，曰淳维。唐虞以上有山戎、猃狁、荤粥，居于北蛮，随畜牧而转移。其畜之所多则马、牛、羊……逐水草迁徙，无城郭常处耕田之业。"这是司马迁对于匈奴最为形象的一段描述，但从考古发现看，匈奴是有城池的，而且从体质特征上看，匈奴与之前北方地区的戎狄人群存在着很大差异，不可能是一脉相承的文化，说明这段文献记载存在着很强的主观性。

因此，物质遗存是我们了解草原文化的重要基础。青铜剑是草原文明的载体，是草原人群的物质体现，通过它我们可以领略古代草原文化的独特风采。

寻找中国最早的青铜剑

一般认为，最晚从中原的夏代起，中国就进入了青铜时代，而且夏代中原地区已经出现了成熟的青铜礼器和武器，但奇怪的是，夏代中原武器系统中却没有青铜剑的影子。到了商代，中原地区的青铜铸造业十分繁荣，安阳殷墟出土了大量精美的青铜器，商人热衷于青铜礼器的制作，著名的司母戊鼎[①]和四羊方尊就是这一时期的巅峰之作。然而，商人如此发达的青铜铸造业也没有孕育出具有自身传统和特色的青铜剑。

　　在同时期的北方草原文化中，青铜剑已经广泛流行。尤其在商代晚期，北方地区出现了大量的兽首剑和铃首剑。目前，中国境内考古发现的最早的青铜剑，出土于内蒙古自治区鄂尔多斯市伊金霍洛旗朱开沟遗址1040号墓（图一六）中。这件青铜剑剑身近似柳叶形，厚脊，双面刃，直柄，剑格较窄，内凹，柄部缠绕麻绳，便于握持，柄首略呈环状，通长25.4厘米（图一七）。

---

① 　目前关于司母戊鼎的铭文释读存在着不同的认识，"司母戊鼎"和"后母戊鼎"之争属于学术讨论范畴，本书暂使用社会认知度较高的"司母戊鼎"。

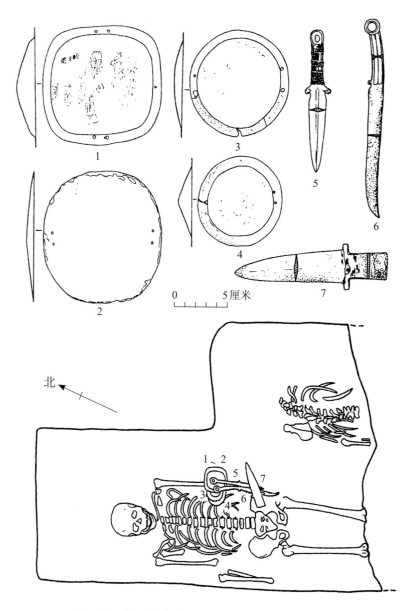

图一六　朱开沟遗址1040号墓葬平面图和随葬品

1~4. 铜盾饰　5. 青铜剑　6. 铜刀　7. 铜戈

出土这件青铜剑的1040号墓葬是一座土坑竖穴墓，墓穴南部被破坏，墓室西侧是一位25岁左右的男性个体，面朝上，葬式为仰身直肢。墓葬随葬品比较丰富，腹部一侧发现4件铜盾饰，腰部随葬铜戈、刀和剑各1件。东侧另一死者的头骨和腰部以下部位均被破坏，仅可确认为成年个体，葬式为俯卧葬，可能是殉人。如此丰富的铜器随葬品表明了这位墓主人特殊的身份和地位，从随葬的青铜武器组合看，这位青年很可能是部落中骁勇善战的英雄。

从共存的器物和墓地的年代看，朱开沟遗址出土的这件青铜剑的年代应该在商代早期[1]。无论是中国北方地区还是中原地区，均未发现比它年代更早的青铜剑。青铜剑的产生应有长期的孕育过程，而朱开沟遗址发现的这件商代早期的青铜剑很明显已经是非常成熟的形制，说明这种青铜剑的起源可以追溯到更早的时期。

在境外的西亚和中亚地区，金属短剑很早就广为流行，在公元前3千纪的西亚乌尔王陵（图一八）和伊朗洛雷斯坦青铜器（图一九）中，都出现了形制成熟的短剑，但这些短剑与朱开沟遗址出土的短剑形制差异明显，而且年代上存在很大的缺环，应该不是朱开沟短剑的直接来源。

---

[1] 内蒙古文物考古研究所、鄂尔多斯博物馆：《朱开沟——青铜时代早期遗址发掘报告》，文物出版社，2000年。

図一七　朱开沟遗址 1040 号墓葬出土的青铜剑

图一八　西亚乌尔王陵出土的短剑

在欧亚大陆的森林草原地区，公元前2千纪初期流行着冶金业非常发达的塞伊玛—图尔宾诺遗存（Seima-Turbino），目前共发现超过500件金属制品和40件铸造模具[①]。这些遗存的分布地点均与大河相邻，分布范围是非常辽阔的，从东面的阿尔泰一直到北欧的芬兰地区，约3 000 000平方公里。塞伊玛—图尔宾诺遗存最具特色的铜器有四种：山字形脊铜矛（图二〇，11~15）、圆銎或椭圆銎空首斧（图二〇，16~21）、无柄的匕首（图二〇，5~10）和柄端装饰有动物纹的青铜刀（图二〇，1~4），这四种器物在所有铜器中所占的比例超过70%。青铜刀最能彰显塞伊玛—图尔宾诺遗存高超的青铜制造技术，这种刀发现的数量不多，柄端往往装饰有马、羊等写实性的动物纹，每件器物的造型都是独一无二的，具有很高的艺术价值。无柄的匕首是塞伊玛—图尔宾诺青铜器中一种特殊的类型，这种匕首可能是一种复合工具，需要另外安木柄、骨柄或金属柄使用。虽然中国境内也发现了一定数量的与塞伊玛—图尔宾诺遗存相关的青铜器，但主要是空首斧和山字形脊矛，塞伊玛—图尔宾诺遗存中的匕首与朱开沟遗址的青铜剑不属于同一系统。

虽然在青铜时代遗存中找不到朱开沟遗址青铜剑的

[①] Chernykh Evgenii, "Ancient Metallurgy of Northeast Asia: from the Ural to the Saiano-Altai", *Metallurgy in the Ancient Eastern Eurasia from the Ural to the Yellow River*, Katheryn M. Linduff edited. New York, 2004.

雏形，但在新石器时代的中国北方地区，流行一种骨柄石刃刀和剑，从形态上看与朱开沟出土的刀剑有明显的承袭关系（图二一）。而且这些骨柄石刃剑都分布在中国北方长城沿线，尽管二者之间存在着年代上的缺环，但朱开沟遗址发现的早商时期的青铜短剑很可能起源于这一地区①。

中原地区在中华文化的发展过程中一直占据着主导地位，尤其是在青铜时代，中原王朝掌握着发达的冶炼技术，青铜器制造业异常繁荣，但最早的青铜剑却没有出现在这里，这与冶炼技术无关，而可能与文化传统有关。历史上无论哪个民族、哪种文化能经久不衰而充满活力地不断发展，并不是在于它一开始就拥有了所有美好事物的胚胎，而是它能不断从其他文化中引进新的东西，在实际应用中进行检验、取舍和改进。从这种思路出发，我们才能更客观地探寻中国最早的青铜剑。

---

① 宫本一夫：《中国古代北疆史の考古学的研究》，中国书店，2000年，图38、图39。

图一九　伊朗洛雷斯坦青铜短剑

　君子之兵：青铜剑与草原文化

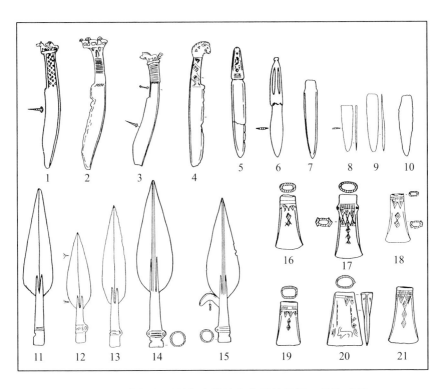

图二〇　塞伊玛—图尔宾诺遗存典型的青铜工具和武器

1~4. 刀　5~10. 匕首　11~15. 矛　16~21. 空首斧（1、5~7、11、16、17出自塞伊玛墓地，2、8、9、12、13、18出自图尔宾诺墓地，4出自叶鲁尼洛，其余均出自罗斯托夫卡墓地）

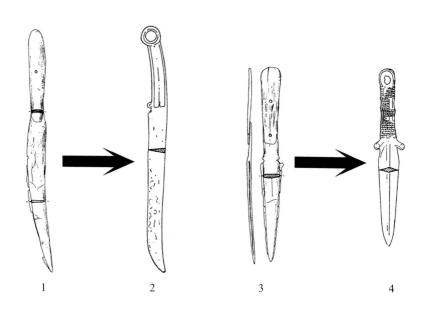

图二一　骨柄石刃刀剑和朱开沟铜刀剑对比图

1、3.永昌鸳鸯池遗址出土　2、4.朱开沟遗址出土

周人与柳叶形青铜剑

虽然中原地区的夏人和商人都没有创造出具有自身特色的青铜剑，但周人很早就开始使用青铜剑了。《史记·周本纪》载，武王伐纣攻入商都朝歌（今河南淇县，一说在河南汤阴县）时，纣王已自焚而亡，"至纣死所，武王自射之，三发而后下车，以轻剑击之，以黄钺斩纣头，悬大白之旗"。这段记载足以说明周人已经使用青铜剑了。这在考古发现中也得到了证实，在周人及其相关的遗存中都有青铜剑出土。但与同时期草原文化人群的铜剑不同，周人使用的是一种柳叶形青铜剑。

　　这种柳叶形青铜剑均为短扁茎，茎上面一般都有圆形穿孔，均无格，大多数剑茎与剑身没有明显分界（图二二）。部分剑身有装饰图案，一般为龙纹或蛇纹。

　　西周早中期扁茎柳叶形青铜剑分布相对广泛，在周人的老家——关中地区以及分封的诸侯国故地都有发现，此外，在甘肃灵台白草坡、陕西长安张家坡、岐山贺家村和北京房山琉璃河等地也有发现。这类青铜剑出土时多附有镂孔式剑鞘。1972年在甘肃灵台白草坡2号

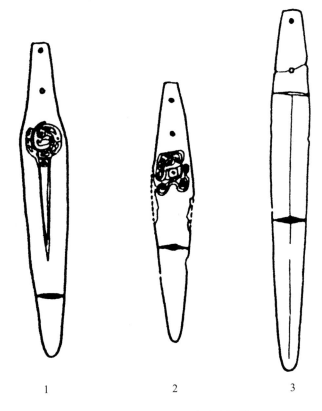

图二二　西周时期柳叶形青铜剑

1、2.宝鸡竹园沟出土　3.茹家庄出土

墓出土了1件带有镂孔剑鞘的柳叶形青铜剑①，木柄已经完全腐朽，茎部被折弯，通长17.54厘米，剑鞘长18.5厘米（图二三）。由于西周时期以车战为主，主要的武器是远距离的弓箭以及长柄的戈、戟、矛等，作为短兵器的青铜剑，在车战的兵器组合中并不占主要地位。

西周晚期，受北方銎柄柱脊短剑影响而出现的圆柱形茎短剑打破了扁茎短剑一统天下的局面，成为与扁茎短剑并驾齐驱的短剑种类，并在东周时期的中原地区发展成短剑的主要形制，柳叶形青铜剑也在中原地区被其取代。

除周文化外，柳叶形青铜剑还广泛流行于西南的四川盆地。在晚商到西周时期的金沙遗址中就出土了多件柳叶形青铜剑，形制与周人的扁茎柳叶形青铜剑有惊人的相似之处（图二四）。金沙遗址出土的短剑均为短扁茎，无剑格，也无剑首，茎上穿孔以束柄。类似的青铜剑，还见于战国时期的成都和湖南（图二五）等地，在巴蜀文化中广为流行。它们绝大多数为素面，茎上一般有两个圆形穿孔，在成都的罗家坝遗址和白塔村墓葬中出土的此类青铜剑还附有双联的青铜剑鞘（图二六）。

关于周人柳叶形短剑的来源，目前学术界意见不一。有学者认为周初的扁茎柳叶形剑可能是由新石器时代晚

---

① 甘肃省博物馆文物队：《甘肃灵台白草坡西周墓》，《考古学报》1977年第2期。

图二三　灵台白草坡2号墓出土青铜剑

　君子之兵：青铜剑与草原文化

图二四　金沙遗址出土柳叶形青铜剑

图二五　湖南出土战国时期柳叶形青铜剑（湖南博物馆藏）

期甘青地区的石刃骨短剑发展而来，但二者间存在很大的年代缺环，因此，这一观点还有待新材料的发现和佐证。也有学者认为这种青铜剑发源于商末周初的陕西和甘肃一带，宝鸡地区是其流行的中心地区，后逐渐向南传入巴蜀地区。还有学者认为柳叶形青铜剑来源于巴蜀地区，证据是在成都发现了几件属于晚商时期的柳叶形剑，而且一直到战国时期巴蜀地区仍然沿用这种青铜剑。

从目前的考古发现看，商末周初西南地区的青铜短剑主要见于四川和汉中两地。其中最早的几件柳叶形剑主要出自成都地区：广汉三星堆遗址相当于商末周初的地层中，出土过1件柳叶形青铜剑；在属于晚商时期的三星堆1号祭祀坑内出土过1件柳叶形玉剑[1]，扁茎，无格，茎上有一穿，残长28厘米（图二七，1）；成都十二桥遗址的晚商地层中出土1件扁茎、无格、无穿的柳叶形青铜剑，残长20.2厘米（图二七，3）；成都十二桥新一村也出土1件柳叶形青铜剑[2]，残长20.9厘米（图二七，2）。这些柳叶形青铜剑的年代比周人的更早，说明西南地区可能是周人柳叶形青铜剑的源头[3]。

如果将视角扩展到整个欧亚大陆，在伊朗、西亚

---

① 四川省文物管理委员会等：《广汉三星堆遗址一号祭祀坑发掘简报》，《文物》1987年第10期。

② 江章华：《巴蜀柳叶形剑渊源试探》，《四川文物（三星堆古蜀文化研究专辑）》，1992年。

③ 段渝：《巴蜀青铜文化的演进》，《文物》1996年第3期。

和东欧等地发现的这类短剑与西南地区的相较，形制更加原始，年代也更早。公元前4千纪亚美尼亚的Dvin窖藏就已经出现了形制成熟的柳叶形砷铜剑（图二七，6、7）①。公元前2千纪初，伊朗地区的锡亚尔克文化和纳马兹加文化也流行这种柳叶形青铜剑（图二七，4、5）。早在1980年，著名考古学家宿白先生就已经谈过这个问题，他将中国境内的发现与伊朗出土的青铜剑做了对比，指出扁茎柳叶形短剑在中亚和西亚的编年都比中国早，认为最早的扁茎柳叶形青铜剑很可能是从境外传入的。在这一问题上，有两条对外联系的通道最值得关注，一条是新疆的绿洲通道，即后来的丝绸之路。史学界普遍认为汉代张骞通西域之后，丝绸之路才正式开通。但从考古发现看，早在青铜时代，丝绸之路的部分路段就已经发挥了重要的作用，东西方文化冶金技术的联系发生的时间也非常早。不过在新疆和甘肃丝绸之路沿线考古学文化中并不见此类青铜剑的流行，因此这条路线似乎并不是柳叶形青铜剑的传播通道。

如果说周人的青铜剑来源于巴蜀地区，那么柳叶形青铜剑最有可能是沿着第二条路线——西南通道传入的，这条通道从中国的西南地区起，连接着印度北部和中亚等地，也是古代东西方交流的一条重要通道。

---

① B. Gasparyan、S. N. Korenevskiy, "An Early Bronze Age Hoard of Bronze Tools from Dvin, Central Armenia", *Archaeology, Ethnology & Anthropology of Eurasia*, 49/2(2021): 43–52.

图二六　成都平原出土战国时期柳叶形青铜短剑

1. 罗家坝遗址　2. 白塔村墓葬

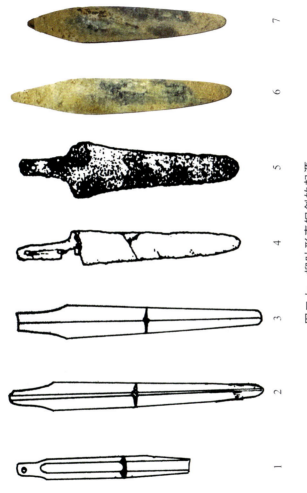

图二七 柳叶形青铜剑的起源

1. 广汉三星堆出土 2. 成都十二桥新一村遗址出土 3. 成都十二桥遗址出土 4、5. 伊朗地区出土 6、7. 亚美尼亚出土（1为玉剑，其余为铜剑）

虽然周文化不是典型的草原文化，但周人与北方人群存在着密切的关系。著名学者傅斯年先生《夷夏东西说》[①]认为，商人和周人属于两个不同的文化系统，商人属于东平原区，周人属于西高地系。周人的祖先由两部分组成，一部分是姬姓，一部分是姜姓。《史记·周本纪》记载周人祖先后稷之母就是姜姓，"周后稷，名弃。其母有邰氏女，曰姜原"。考古学家邹衡先生认为姬姓部族原来居住在山西西北和陕西东北一带，和戎狄等民族混杂居住。大概是在公亶父时期，姬姓部族受到熏育、狄人的侵犯，被迫迁徙到岐山脚下的平原地区定居。姜姓部落是来自西部的羌人，后来迁徙到宝鸡岐山一带，姬姓和姜姓是姻亲关系，二者构成了周人的主体人群。周人中融入了许多非中原人群，与商人属于不同的系统。因此，周人使用的柳叶形青铜剑不是中原的传统，也并非来源于更早的商文化就比较容易理解了。

---

① 傅斯年：《傅斯年讲史学》，凤凰出版社，2008年。

兽首剑与铃首剑：晚商时期中国北方—蒙古高原冶金区的形成

商代晚期，北方草原地区进入了青铜器制作的第一个繁荣期。中国北方从西到东的长城地带出现了文化的趋同性，文化面貌具有一定的相似性，说明各地人群之间交往的增加，其中最引人注意的是花边鬲和北方青铜器的广泛流行。

　　花边鬲是一种特殊形制的陶鬲，这种陶鬲的口沿都做成花边状（图二八）。具体制法有两种：一种是口沿或领部饰压成锯齿状或波浪状的附加堆纹；另一种是把沿缘翻折成叠唇，或是另加一圈带状泥条，然后印上绳纹或波浪纹，成为略宽的带状花边。花边鬲以及与之相关的陶器、铜器群，勾勒出了一个重要现象，即"商王朝势力的北面和西面存在着一个绵延万里、彼此间联系异常紧密的文化带，其位置正是后来战国和秦汉时修筑长城的地方"[①]。花边鬲的传布，对于了解3 000多年前北方地区文化的交流和融合具有特殊的意义。

---

① 韩嘉谷：《花边鬲寻踪——谈我国北方长城文化带的形成》，《北方考古研究（四）》，中州古籍出版社，1999年。

图二八　花边鬲

除了花边鬲之外，北方草原各地都出现了具有特色的青铜器，这些青铜器在器类与形制方面也表现出一定的相似性。这一时期，青铜剑的数量大增，分布的范围也进一步扩大。青铜剑剑柄大都略微弯曲，是晚商时期北方地区最典型的青铜剑风格。青铜剑的剑格一般为较窄的一字形，柄首多呈兽首形或铃形（图二九），因此也被称为"兽首剑"和"铃首剑"。

1. 兽首剑

兽首剑在草原地区分布十分广泛，俄罗斯南西伯利亚、外贝加尔、蒙古，以及中国北方和新疆地区都有发现。在河北青龙抄道沟遗址[①]发现的弯柄兽首青铜剑，柄首端铸有一下垂的羊首，眼和鼻为圆孔，眼中原嵌绿松石，长角自首后侧前卷，剑茎中部和两侧均铸出斜平行短线纹，通长30.2厘米（图三〇）。这件兽首剑刻画得十分写实，在同类器中年代较早，约在晚商时期。邻近的蒙古南戈壁省出土的兽首剑（图三一，2），与之十分相似，年代也大致相当。除了这两件外，北方地区和蒙古高原还出土了大量的形制相近的弯柄青铜剑（图三一，1），年代稍晚，但也都集中在商代晚期，表明这

---

① 河北省文化局文物工作队：《河北青龙县抄道沟发现一批青铜器》，《考古》1962年第12期。

图二九　晚商时期的曲柄青铜剑（鄂尔多斯博物馆藏）

图三〇　青龙抄道沟出土弯柄兽首青铜剑

1　　　　　　2

图三一　蒙古出土弯柄兽首剑

两个地区是弯柄兽首剑分布的核心区域。俄罗斯米努辛斯克盆地、贝加尔地区，中国的中原和新疆等地发现的兽首剑数量相对较少，而且剑首没有中国北方和蒙古高原地区的写实，米努辛斯克盆地的青铜剑都出于较晚的石峡期，年代应该晚于北方和蒙古出土的兽首剑。因此最早的兽首剑很可能出现在中国北方以及蒙古与中国交界地区，然后向外传播（图三二）。

我们可以从兽首的装饰风格和格部的形制两方面来对这种弯柄兽首青铜剑进行追根溯源。

这就需要提到河北藁城台西商代遗址。台西遗址作为商文化的北方类型，年代可以早到商代早期[①]。在这个遗址中出土了1件羊首匕。铜匕是晚商时期流行的一种形制特殊的青铜器，柄部多为镂空的蛇首（图三三）。台西遗址出土的这件铜匕的柄部为羊首装饰（图三四），是目前国内发现的此类装饰风格中最早的一件，并且很可能是商周北方青铜器兽首装饰的创作源头。藁城台西和青龙抄道沟出土的羊首装饰关系十分紧密，尽管两者在羊首的刻画上存在很大差异，但它们兽首与柄部的结合都非常自然，兽首的颈部恰好作为柄部；两者羊首造型的构思角度也完全相同，兽首前倾，器物整体弯曲。另外，抄道沟的青铜剑为阑式剑格，与台西铜戈的阑的形制很相似，这种晚商时期青铜剑流行的阑式剑格很有

---

① 河北省文物研究所：《藁城台西商代遗址》，文物出版社，1985年。

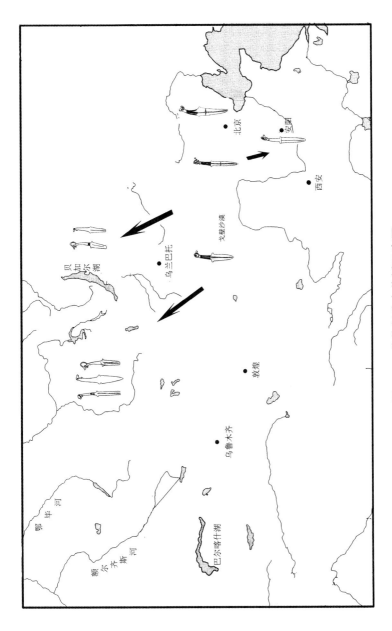

图三二 兽首剑分布传播示意图

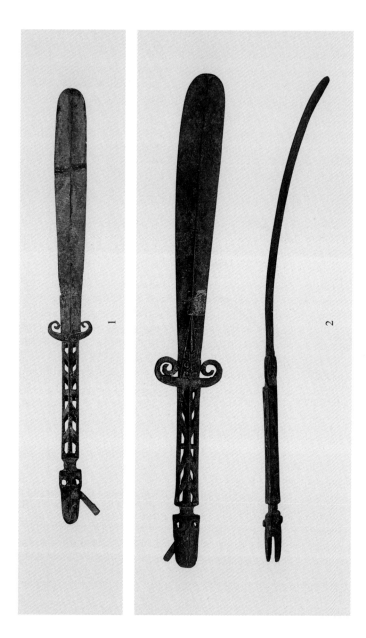

图三三　蛇首铜匕

1. 山西石楼后兰家沟出土　2. 山西石楼褚家村出土

图三四　河北藁城台西遗址出土羊首铜匕（河北博物院藏）

兽首剑与铃首剑：晚商时期中国北方—蒙古高原冶金区的形成　63

可能是受到铜戈阑的启发而形成的。而抄道沟青铜剑的剑身形制则可能借鉴了台西羊首匕的两边刃和戈的中线起脊[①]（图三五）。因此，介于中原和北方之间的台西类型，很可能是兽首剑起源发展中最重要的一环。

2. 铃首剑

铃首剑在俄罗斯米努辛斯克盆地、蒙古与中国北方地区都有发现，在北方地区分布得尤其广泛，特别是在晚商时期南流黄河两岸的晋陕高原最为集中。晋陕高原是商周时期北方青铜器的重要分布区，该地区在1949年以前就曾多次发现商周时期青铜器，石楼、清涧、绥德、保德等多个地点共发现了几十批青铜器遗存。然而，由于这些青铜器多是村民在翻地时发现的，遗迹现象多被破坏，据村民介绍及现场勘察，其中绝大部分是墓葬中的随葬品。在这些青铜器中，既有中原的商式青铜器，又有非中原式的北方系青铜器，是研究商周时期中原与北方文化相互关系的重要材料。1983年，在山西吉县吉昌镇上东村墓地出土了1件铃首剑，剑首呈圆形镂空铃形，扁茎弯曲，一字形格，三角形剑身，菱形剑脊，近首处有一半环形系钮，茎部饰直线纹，通长29

---

① 杨建华、邵会秋、潘玲：《欧亚草原东部的金属之路——丝绸之路与匈奴联盟的孕育过程》，上海古籍出版社，2016年。

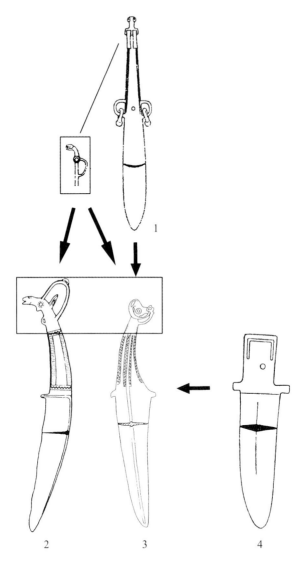

图三五　兽首青铜剑来源示意图

1、4.藁城台西出土　2、3.青龙抄道沟出土

厘米（图三六，1），类似形制的青铜剑在保德县林遮峪（图三六，2）、柳林高红（图三六，3）、石楼曹家垣（图三六，4）等地都有发现[①]，部分铃首内还保留着铃球，这种铃首剑是晋陕高原晚商时期保德类型青铜器中最具特色的器物。保德类型[②]是晋陕高原地区重要的青铜器遗存，其典型特点是带铃器和武器发达，代表性器物有铃首剑、管銎斧等。在吉县上东村墓地曾发现一座被破坏的墓葬[③]，这座墓葬下半截已经完全毁坏，但残留的上半部出土了1件铃首剑、1件管銎战斧和1件铜勺（图三七），墓主人左手持长柄武器管銎战斧，右手持短兵器铃首剑，很可能是当时一位驰骋沙场的保德武士。

保德类型青铜器中的铃首剑属于球铃，这与商代弓形器两端的铃首相似（图三八），其发展演变趋势是铃瓣逐渐减少。晋陕高原的很多青铜器都有铃首风格装饰，在保德林遮峪遗址中，不仅有铃首剑，还有铃首车马饰以及铃首觿、铃首笄等多种铃形装饰铜器（图三九）。在中国北方地区，铃铛装饰出现得非常早，相当于夏纪年时期的齐家文化就出土有陶制的镂空响铃

[①] 山西省文物考古研究所、山西省博物馆：《晋西商代青铜器》，科学出版社，2017年。

[②] 沃浩伟：《晋陕高原商周时期青铜器分群研究》，《公元前2千纪的晋陕高原与燕山南北》，科学出版社，2008年。

[③] 吉县文物工作站：《山西吉县出土商代青铜器》，《考古》1985年第9期。

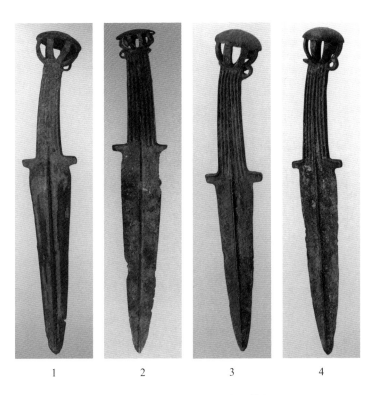

图三六　晋陕高原出土的铃首剑

1.吉县上东村出土　2.保德林遮峪出土　3.柳林高红出土　4.石楼曹家垣出土

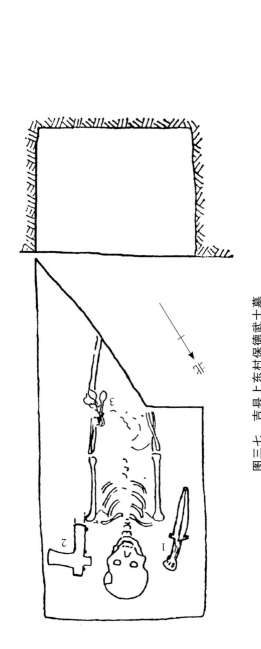

图三七　吉县上东村保德式土墓

1. 铃首剑　2. 管銎斧　3. 铜勺

罐，罐内有两个陶丸，摇之可响①。这说明铃铛装饰在中国北方地区有比较悠久的文化传统。而铃首剑最早出现于晋陕高原，说明这一地区应该是这类短剑的发源地。

在米努辛斯克盆地发现的铃首剑为四瓣铃首，直柄，剑格与剑身之间有凹缺，是铃首剑中比较晚的形态②，与中国北方晚期的铃首剑相似，在蒙古也有发现（图四〇）。由此可推测铃首刀剑上的铃首风格最早可能出现于中国北方的晋陕高原地区，之后向外传播，到达燕山南北以及蒙古地区，最北一直到米努辛斯克盆地（图四一）。

从晚商时期开始，晋陕高原和燕山南北便成为北方地区最为重要的两个中心，它们逐渐形成了具有自身特色的青铜文化，并向外传播。在装饰喜好方面，晋陕高原多用铃首，燕山南北偏爱兽首，因此铃首和兽首分别是晋陕高原和燕山南北最具代表性的装饰特征，铃首剑和兽首剑也分别是两个地区的标志性器物。

研究草原青铜器的学者经常会使用冶金区的概念来进行铜器遗存的划分。与考古学文化不同，通过大量的化学和光谱分析我们可以鉴定铜合金的类型，研究它们的制作过程，同时探索各文化中不同成分的定量关系，

---

① 李多才：《庄浪馆藏精品——折肩镂空响铃罐》，《中国文物报》2003年9月17日。
② 乌恩岳斯图：《北方草原考古学文化研究》，科学出版社，2007年，图七四，2。

图三八　灵石旌介商墓出土铃首弓形器

　君子之兵：青铜剑与草原文化

图三九　保德林遮峪出土其他铜铃形器

1.单球铃　2.双球铃　3.铃首觿　4.铃首笄

在这个基础上划分出不同的冶金中心。一些基本特征方面有相似之处且相互关联的中心很容易被鉴别出来。这些紧密联系的中心覆盖了很大的区域，这样相关联的中心系统或联盟就被定义为冶金区^①。按照契尔耐赫对欧亚大陆冶金区的划分标准，从商代晚期开始中国北方及周边的蒙古高原形成了一个独立的冶金区，可以称之为中国北方和蒙古高原冶金区^②，这个冶金区的代表性器物有以兽首、铃首、蛇首装饰的刀、剑、马镳以及啄戈等。这个冶金区位于中原地区的北部边缘，从早商文化的台西类型中我们可以看出它借用并吸收了中原的一些技术、风格和观念，并受到来自北部米努辛斯克盆地和西部中亚地区的影响，以当地的土著艺术母题作为工具与武器的顶端装饰，形成了一种新的器物类型与风格。在此基础上，这些原创性的发明又向草原地区传播。这个冶金区与商周时期的"北方系青铜器"^③的概念基本是一致的，也与威廉姆·华生在1971年出版的《古代东亚的文化边界》一书中^④提出的"北方区带"（Northern

① Chernykh, E. N., *Ancient metallurgy in the USSR*, Transl. by Sarah Wright, Cambridge University Press, 1992.
② 杨建华：《商周时期中国北方冶金区的形成——商周时期北方青铜器的比较研究》，《公元前2千纪的晋陕高原与燕山南北》，科学出版社，2008年。
③ 林沄：《商文化青铜器与北方地区青铜器关系之再研究》，《考古学文化论集（一）》，文物出版社，1987年。
④ W. Watson, *Cultural Frontiers in Ancient East Asia*, Edinburgh University Press, 1971.

Zone）的概念大致相当，即把中国北方边境地区视作一个自身特征分明的青铜器生产区①。

随着北方青铜器的繁荣，南北古文化之间的差异不断扩大，东西古文化之间的相同因素不断增加，最终发展成为横亘我国北方地区，并与中原地区古文化形成鲜明对比的、一条具有特殊色彩的古文化带。

---

① 杨建华、邵会秋、潘玲：《欧亚草原东部的金属之路——丝绸之路与匈奴联盟的孕育过程》，上海古籍出版社，2016年。

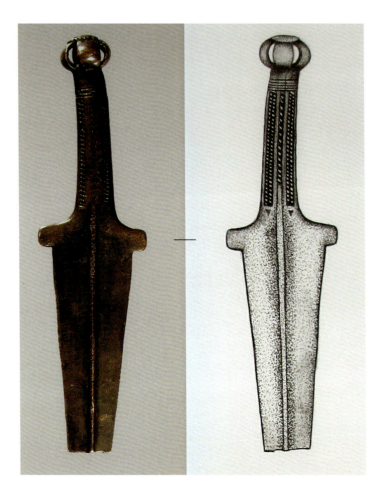

图四〇　蒙古扎布汗省出土铃首剑

　君子之兵：青铜剑与草原文化

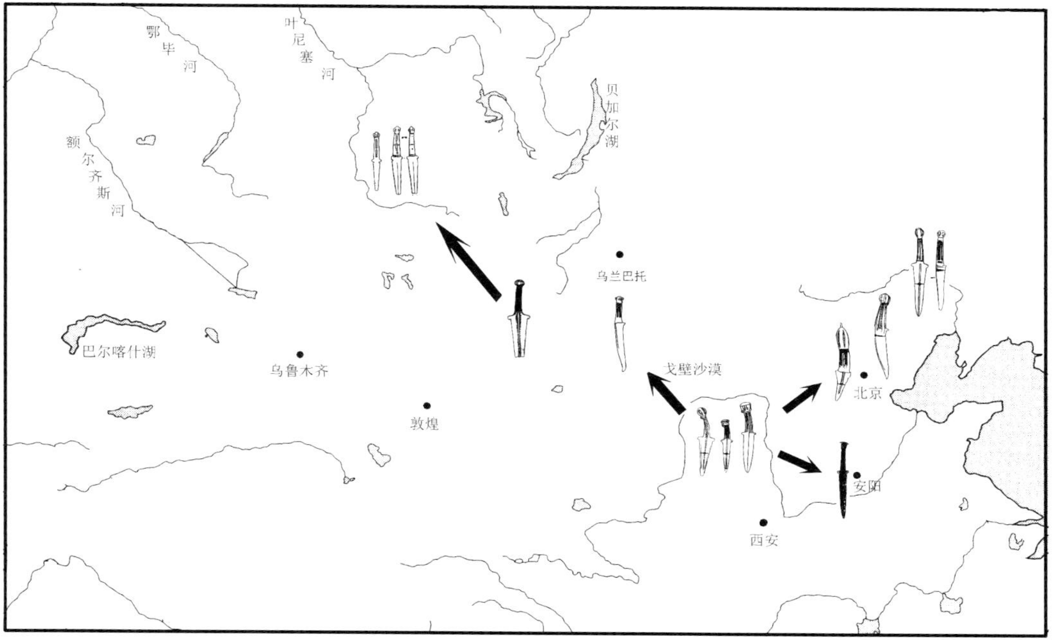

图四一 铃首刀剑分布传播示意图

菌首剑：自米努辛斯克而来

草原地区还流行一种柄首为蘑菇形的青铜剑，一般称之为"菌首剑"。这种青铜剑延续的时间比较长，不

图四二　草原地区的菌首剑（俄罗斯米努辛斯克博物馆藏[①]）

[①]　吉林大学考古学院、俄罗斯米努辛斯克博物馆：《米努辛斯克博物馆青铜器集萃》，文物出版社，2021年，图34、35、159。

同时期的剑格和剑身差异比较大。菌首剑均为直刃，柄部一侧有凹槽，部分青铜剑剑身中间起脊，柄首一侧还有用于悬挂的圆环（图四二）。

中国北方地区出土的菌首剑主要集中在燕山南北地区，其中，北京昌平白浮墓地的发现[①]最具代表性，该墓地共出土了4件菌首剑，剑身均起脊，茎部为扁条形，格部多内凹（图四三，2、3），最长的1件约45厘米（图四三，1）。白浮墓地年代大约在西周中期前后，这也基本代表了菌首剑在中国北方地区的流行年代。

值得注意的是昌平白浮墓地M2的墓主人是一位中年女性，墓中不仅出土了丰富的青铜礼器、陶器和玉器，墓主人身体两侧还随葬大量的青铜兵器，包括18件戈、1件矛、7件戟、2件短剑、6件盾饰、1件甲胄和125枚甲泡（图四四）。对于白浮墓主的族属问题目前仍存在不同意见，有的学者认为白浮墓主人为燕国任命的当地北方部族的军事首领[②]，也有人认为白浮墓葬属于燕国的殷遗民墓葬[③]。但无论如何，白浮墓地M2的墓主人很可能是一位叱咤风云的女将，墓葬中出土的菌首剑和兽首剑非常具有特色，与典型的中原青铜剑存在显著的

---

① 北京市文物管理处：《北京地区的又一重要考古收获——昌平白浮西周木椁墓的新启示》，《考古》1976年第4期。
② 杨建华：《商周时期女性墓葬中的军事将领——妇好墓与白浮墓的分析》，《女性考古与女性遗产》，南京大学出版社，2011年。
③ 张礼艳、胡保华：《北京昌平白浮西周墓族属及相关问题辨析》，《边疆考古研究》第22辑，2017年。

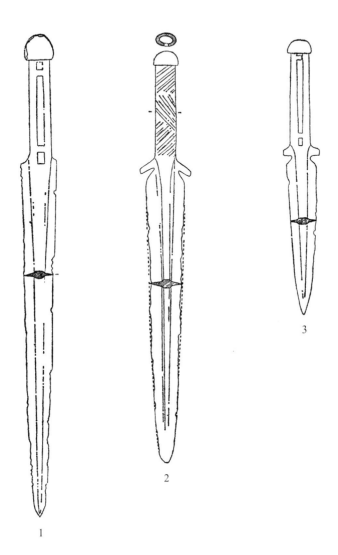

图四三　昌平白浮出土菌首剑

1. 白浮 M2 出土　　2、3. 白浮 M3 出土

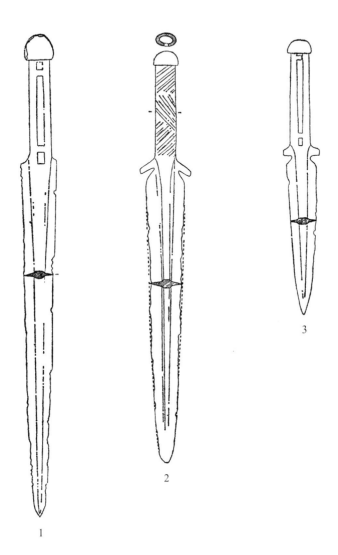

菌首剑：自米努辛斯克而来　**81**

差异。在中原地区，西周贵族墓葬性别差异的一个重要体现便是贵族男性墓葬随葬兵器，而女性墓葬中不见。即使在北方草原地区，女性墓葬中随葬武器的也比较少见。不过也有例外，在里海北岸的游牧人群萨夫罗马泰部落中，女性同男性一样尚武，这不仅在希罗多德的《历史》①中有较为详细的记载，而且在考古发现中也得到了证实。从随葬品的种类看，萨夫罗马泰文化的墓葬不存在明显的性别差异，女性墓葬同男性墓葬一样，也随葬兵器。希罗多德在记载中甚至说到，萨夫罗马泰的女人如果不杀死一个敌人是不能结婚的，足以说明这个部落的女性同男性一样，也是英勇的战士。

除北方地区外，在蒙古（图四五，1）、外贝加尔和中国新疆（图四五，2、3）等地也发现一定数量的菌首剑，但种类较少，数量也不多，年代大都相当于中原的西周时期。

菌首风格最为流行的地区是俄罗斯的米努辛斯克盆地，当地发现了大量菌首装饰的刀剑，尤其是菌首刀，数量非常可观（图四六），这些菌首刀的年代可以早到公元前2千纪下半段。其他地区发现的菌首装饰在数量和种类上，都不及米努辛斯克盆地，而且年代也没有更早的，因此，菌首作风应是米努辛斯克盆地的传统。在蒙古、中国北方和中原地区发现的同类器应是受其影响产生的，也就是说，最早的菌首作风源自米努辛斯克盆

---

① 希罗多德：《历史》，商务印书馆，2005年。

图四四　昌平白浮墓地M2平、剖面图

1. 穿带壶　2. 簋　3. 弓形器　4、5. 轴头　6. 斧　7. 剑　8、9. 銮　10. 盔　11、14、53. 当卢 12、15、30、64、65. 盾饰　13、16. 长方形铜饰　17、18. 泡饰　19. 玉戈　20、22、25、29、 31、34、36、37、38. 戈　21. 砺石　23、32、33、35、39. 戟　24、40. 刀　26. 陶鬲　27. 玉觿　28. 石锤　41. 腿甲铜泡　42. 甲骨　43. 矛　44. 锛　45. 镜形饰　46. 角形饰　47. 扁平长方形饰　48. 秘冒　49. 辖　50. 残鼎　51. 軎　52. 衔　54. 兽面马冠　55. 兽面饰　56. 马帝形饰　57. 玉器把　58. 牙梳　59. 牙觿　60. 残玛瑙环　61. 铅戈　62. 狗骨架　63. 马冠

地，然后向南部传布（图四九）。

米努辛斯克盆地位于俄罗斯叶尼塞河中游的克拉斯诺亚尔斯克边疆区，这一地区是俄罗斯考古的核心区域，很早就建立了完善的考古学文化年代序列。米努辛斯克盆地与中国北方等地的交往发生得很早，甚至有传说早在商代，就有中原人群为躲避压迫而不远万里来到米努辛斯克地区。两地文化的关系也十分密切，吉林大学的林沄教授在20世纪80年代就曾对两地青铜器的联系进行过较为详细的论述[①]。米努辛斯克是一座人口数量不到10万的小城，但这里有一座世界闻名的博物馆——米努辛斯克博物馆（全名米努辛斯克地区地方志博物馆），它创办于1877年，是西伯利亚最古老的博物馆之一（图四七）。一直以来，米努辛斯克博物馆以丰富多彩的馆藏文物而享有极高的国际声誉，尤其是数量众多的青铜时代至早期铁器时代的青铜器藏品（图四八），这些都是研究中国北方草原与欧亚草原地区交流的"宝藏"。

除青铜器外，在米努辛斯克盆地还发现了三足蛋形瓮（图五〇）[②]，根据已有研究，这种器物是一种储藏器，起源于龙山时代晚期的晋中地区，并广泛分布于中国的

---

① 林沄：《商文化青铜器与北方地区青铜器关系之再研究》，《林沄学术文集》，中国大百科全书出版社，1998年。
② Mikhail P. Gryaznov, *The Ancient Civilization of Southern Siberia*, Cowles Book Company, New York, 1969, fig.43.

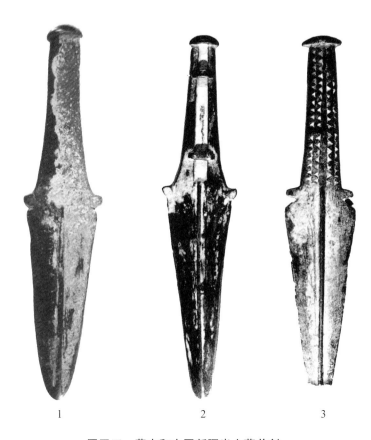

图四五　蒙古和中国新疆出土菌首剑

1. 蒙古　2、3. 新疆青河

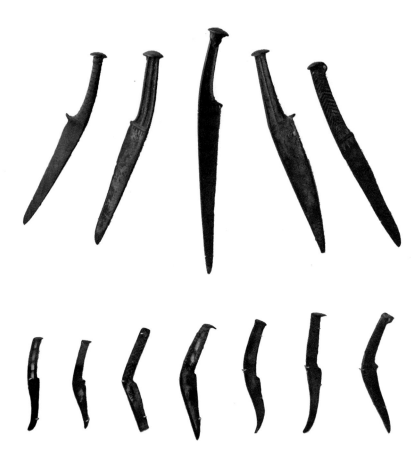

图四六　米努辛斯克博物馆藏菌首刀

　君子之兵：青铜剑与草原文化

图四七　俄罗斯米努辛斯克博物馆

图四八　米努辛斯克博物馆藏部分青铜器

内蒙古中南部、南流黄河两岸、晋中和关中地区[①]。这种三足蛋形瓮无疑是米努辛斯克盆地与中国北方文化关系密切的又一个重要佐证。

从中国北方到米努辛斯克,跨越几千公里,但这未能影响两地古代人群的频繁交往。这是一条双向的交流路线,以青铜剑为代表的大量形制相似的青铜器便是它们交往的重要例证[②]。从晚商时期中国北方和蒙古高原冶金区的形成到后来匈奴联盟的出现,这条南北向的通道延续了上千年,这是一条跨越茫茫草原的金属之路,也是战国末期至西汉时期匈奴帝国形成的文化底蕴。

---

①　井中伟:《蛋形瓮研究》,《考古学报》2006年第4期。
②　杨建华、邵会秋:《商文化对中国北方以及欧亚草原东部地区的影响》,《考古与文物》2014年第3期。

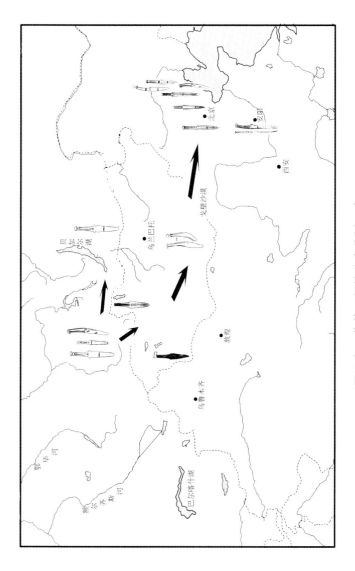

图四九 菌首刀剑的分布传播示意图

图五〇　米努辛斯克盆地出土三足蛋形瓮

銎柄剑与平首剑：夏家店上层文化的崛起

西周至春秋早期，北方草原地区兴起了一支发达的青铜文化——夏家店上层文化①。它的分布区位于欧亚草原的最东端，与南部农业文明相毗邻，是欧亚大陆东部草原最为发达的晚期青铜文化。夏家店上层文化具有自身鲜明的文化特色和文化传统，在草原文化的发展过程中发挥了重要的传承作用，为探索欧亚大陆草原早期游牧文化的形成提供了重要资料②。夏家店上层文化因20世纪60年代内蒙古赤峰药王庙和夏家店遗址的发掘而命名，自发现以来，积累了丰富的发掘资料，其中包括一些大型的贵族墓葬③，曾有多位学者对该文化的基本内涵、分期、年代和族属等多方面内容进

---

①　中国社会科学院考古研究所内蒙古工作队：《内蒙古赤峰药王庙、夏家店遗址试掘报告》，《考古学报》1974年第1期。
②　乌恩：《论夏家店上层文化在欧亚大陆草原古代文化中的重要地位》，《边疆考古研究》第1辑，科学出版社，2002年。
③　辽宁昭乌达盟文物工作站等：《宁城南山根的石椁墓》，《考古学报》1973年第2期；中国社会科学院考古研究所东北工作队：《内蒙古宁城县南山根102号石椁墓》，《考古》1981年第4期；内蒙古自治区文物考古研究所等：《小黑石沟——夏家店上层文化遗址发掘报告》，科学出版社，2009年。

行过专门的论述①。依据碳十四数据和共存的中原青铜礼器的分析，可以将夏家店上层文化的年代范围定在西周早期到春秋中期，即公元前11~前7世纪②。虽然学术界对夏家店上层文化的年代下限存在不同意见，但可以明确的是，夏家店上层文化在春秋中期已经衰落，西周晚期到春秋早期（公元前9~前8世纪）是该文化最为发达的阶段。夏家店上层文化的青铜器十分发达，青铜剑种类尤为丰富，其中最具代表性的是銎柄剑和平首剑。

銎柄剑

銎柄剑一般柄部呈銎筒式，柱状脊，剑身和剑柄连铸，既有直刃（图五一，2~4），也有部分曲刃（图五一，1）。早在20世纪30年代，国外学者的相关图录中就曾著录这类器物，但将其称作矛，很显然这种观点是不合理的，因为这种武器的长度和銎孔都不适合安装长柄。

---

① 朱永刚：《夏家店上层文化的初步研究》，《考古学文化论集（一）》，文物出版社，1987年；靳枫毅：《夏家店上层文化及其族属问题》，《考古学报》1987年第2期；刘国祥：《夏家店上层文化青铜器研究》，《考古学报》2000年第4期。
② 乌恩岳斯图：《北方草原考古学文化研究》，科学出版社，2007年；朱永刚：《夏家店上层文化的初步研究》，《考古学文化论集（一）》，文物出版社，1987年。

图五一　銎柄剑

1~3. 小黑石沟出土　4. 隆化骆驼梁出土

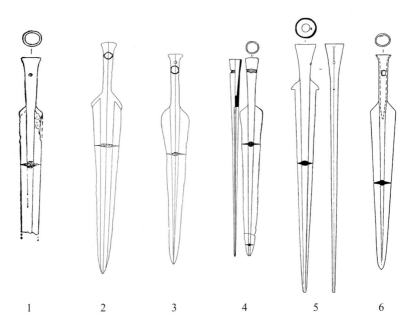

1　　　　2　　　　3　　　　4　　　　5　　　　6

图五二　夏家店上层文化的銎柄剑

1.克什克腾旗龙头山M1出土（西周早期）　2、3.翁牛特旗大泡子出土（西周中期）　4~6.小黑石沟出土（西周晚期到春秋早期）

从目前的发现看，銎柄剑主要分布于内蒙古东南部和辽宁西部，河北北部也有少量发现。夏家店上层文化中的銎柄剑数量最多，而且存在明显的自身演变规律，是该文化最为典型的青铜剑（图五二）。从西周早期的龙头山遗址[①]（图五二，1），到西周中期的大泡子墓葬[②]（图五二，2、3），再到西周晚期至春秋早期的小黑石沟遗址[③]（图五二，4~6），銎柄剑贯穿着夏家店上层文化发展的始终。夏家店上层文化銎柄剑的銎孔一般都是贯通整个剑柄的；到了春秋中期，河北地区发现了几件銎柄剑，銎柄的下半部就变成实心的了，而且剑身也变得更长；春秋中期以后，銎柄剑已经基本消失了。

平首剑

平首剑是夏家店上层文化中另外一种具有特色的青铜剑，这种青铜剑柄首较平，上有一圆形穿孔，剑格处有凹槽，柄部往往装饰成排鹿、马、犬、鸟等动物纹，每件都极具艺术价值。

其中最精美的一件出自内蒙古宁城县小黑石沟遗

---

① 内蒙古自治区文物考古研究所等：《内蒙古克什克腾旗龙头山遗址第一、二次发掘简报》，《考古》1991年第8期。
② 贾鸿恩：《翁牛特旗大泡子青铜短剑墓》，《文物》1984年第2期。
③ 内蒙古自治区文物考古研究所等：《小黑石沟——夏家店上层文化遗址发掘报告》，科学出版社，2009年。

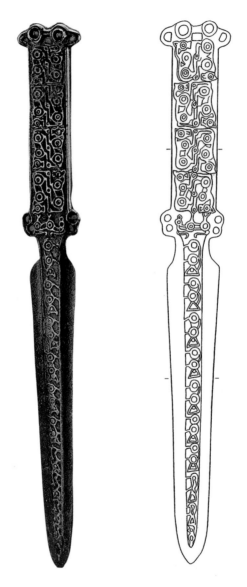

图五三　小黑石沟出土平首剑（75ZJ：7）

图五四　小黑石沟出土平首剑（92NDXAⅡM5：1）

址，编号 75ZJ：7[①]。短剑的剑首、剑柄和剑格整体呈工字形，剑首与剑格近乎等宽。柄首为鸟首相向的双鸟纹，鸟目与鸟耳为镂孔，双鸟耳部左右凸出。剑柄两面首及格分为上下左右八个等分部分，饰上下纵向排列、左右数目相等但方向相反的八个马纹。剑格整体呈倒梯形，两面中部横向饰倒立的垂首牛纹，牛首朝向剑首，两边均有上下两个镂孔。剑身中部起平面锥形脊，表面纵向饰首尾相连的十只伫立野猪纹，猪首朝向剑锋。剑长 27.7 厘米（图五三）。

另外一件出自小黑石沟遗址 92NDXAIIM5 的平首剑，剑首两面横向饰四条纵向凸棱柱，每条之间凹距相等，形如梳齿状，两边凸出。剑柄两面分别饰三只觅食的大角驯鹿纹和犬纹，首部皆朝向剑首。剑格为带框长方体，两面均饰横向排列的方格形连续卷云纹。剑格以下为横向排列朝向剑锋的锯齿纹。剑身呈长三角形，两刃平直，中部起三道棱脊，形成两道血槽。剑身与剑格相连处两边内收。剑长 26.2 厘米（图五四；图五五，3）。

河北平泉县东南沟墓地 M6 出土的平首剑装饰着纵向排列的伫立马纹[②]。该剑剑柄为扁长条形，两面纵向排列横立的马纹各十个，马纹形如倒置山字形。剑格部左

---

① 内蒙古自治区文物考古研究所等：《小黑石沟——夏家店上层文化遗址发掘报告》，科学出版社，2009 年。
② 郑绍宗：《河北平泉东南沟夏家店上层文化墓葬》，《考古》1977 年第 1 期。

右两边凸出，前后各饰并排横置的两个卷曲圆圈纹，整体形如枭首。剑身呈三角形，两刃平直，近格处两边内收。剑长 24.3 厘米（图五五，1）。

还有 2 件剑柄装饰纵向排列伫立鸟纹的平首剑，均出土于内蒙古宁城县天巨泉 M7301[①]。两把短剑的形制和装饰几乎一模一样。短剑整体呈 T 字形，剑首饰两道梳齿纹，顶部相连，三边框成一个方形镂孔，顶部两端凸出。剑柄自首及格饰纵向排列的凸线觅食鸟纹（一面五只、一面六只），鸟首朝向剑锋。剑格为长方形，两边凸出，饰横向扁圆双环形纹，形如兽面双目。剑身呈三角形，与剑格相接处两边内收，锋残。剑长 26.9 厘米（图五五，2）。

这些平首剑虽然总体上数量不多，但分布较为集中，考古发现主要出自夏家店上层文化中，流行的年代大约在西周晚期到春秋早期，是一种非常具有时代风格的青铜剑类型。在《欧亚草原东部游牧艺术》一书中曾著录过一件平首剑[②]，这件平首剑的形制非常典型，短剑通长 30.2 厘米，剑柄上装饰七只竖排站立着的马的形象，还保留有剑鞘，剑鞘上装饰着 S 形纹和相对的六只鹿（图五六）。这

---

① 宁城县文化馆、中国社会科学院研究生院考古系东北考古专业：《宁城县新发现的夏家店上层文化墓葬及其相关遗物的研究》，《考古》1977年第 1 期。

② Emma C. Bunker, *Nomadic Art of the Eastern Eurasian Steppes*, The Metropolitan Museum of Art, New York, 2002.

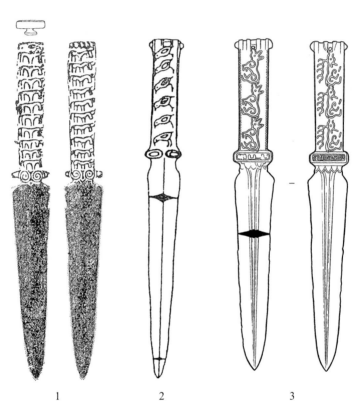

图五五　平首剑

1.平泉东南沟M6:3　2.天巨泉M7301:4　3.小黑石沟92NDXAIIM5:1

图五六 《欧亚草原东部游牧艺术》著录平首剑和剑鞘

件平首剑虽藏于巴黎，但无疑属于夏家店上层文化遗存，年代也在西周晚期到春秋早期之间。

銎柄剑和平首剑都是夏家店上层文化武器系统中十分具有特色的器物，它们因夏家店上层文化的兴起而流行，并随着该文化的消亡而衰落。东周时期，中原地区发现了一种盘状柄首的柱脊直刃青铜剑，这种青铜剑发现的数量不多，分布区域偏北，在中原地区流行的时间也较短，很可能来源于北方草原地区的銎柄柱脊剑①。

作为北方地区最重要的青铜时代晚期的考古学文化，夏家店上层文化不但具有明显的自身特色，而且与南部中原文化的联系非常紧密。除了前文所提到的銎柄剑和平首剑等一些特色器物外，在武器和车马器的形制及使用等方面，都受到了中原文化的影响。此外，夏家店上层文化在装饰风格上也存在少量的中原文化因素。从考古发现看，二者之间的联系不是一蹴而就的，而是经历了较长时间的接触和交流。

在夏家店上层文化的繁荣期（西周晚期到春秋早期），骑马术得到了快速发展，夏家店上层文化人群已经掌握了骑射技术。在发现的车马器中，部分马具如马衔和马镳的形制较为繁杂，而且小型墓葬随葬马具的比例非常低，说明此时期骑兵并未普及。而同时期马车狩

---

① 朱永刚：《试论我国北方地区銎柄式柱脊短剑》，《文物》1992年第12期。

猎场景（图五七）的出现或许反映了当时正处于车战向骑射的转变期，并未进入真正完全意义上的骑射阶段。也就是说虽然夏家店上层文化具备了斯基泰三要素（发达的马具、武器和动物纹装饰），但还没有进入真正的游牧社会，大量定居遗址的发现也证实了这一点。但不可否认，夏家店上层文化的畜牧业比重随着时代的发展不断增加[①]，而且从出土器物看，在其繁荣期已经具备了游牧经济的技术条件。学界普遍认为夏家店上层文化的族属为山戎[②]，其衰落的重要原因可能与文献记载的鲁庄公三十年（公元前664年）"齐人伐山戎"有关，这个时间也与考古发现的夏家店上层文化遗存衰落时间基本一致。在山戎之后，这一地区在很长一段时间内成为早期游牧人群——东胡的重要分布区，根据内蒙古林西县井沟子墓地的发现[③]，以该墓地为代表的东胡人群最晚在春秋晚期已经占据了辽西山地，所以北部胡人的南下也可能是夏家店上层文化消亡的另外一个原因。在南北双重打击下，占据着宜农宜牧、资源丰富的辽西山地的夏家店上层文化人群产生了分化，一些人群向南融入中原的

---

① 王立新：《辽西区夏至战国时期文化格局与经济形态的演进》，《考古学报》2004年第3期。
② 林沄：《东胡与山戎的考古探索》，《林沄学术文集》，中国大百科全书出版社，1998年；朱永刚：《夏家店上层文化的初步研究》，《考古学文化论集（一）》，文物出版社，1987年。
③ 王立新等：《林西井沟子——晚期青铜时代墓地的发掘与综合研究》，科学出版社，2010年。

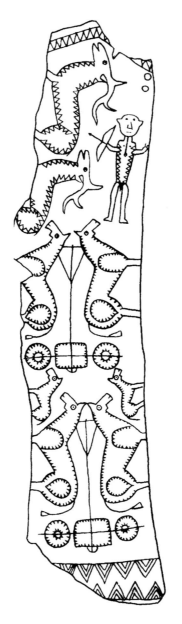

图五七　南山根M102出土狩猎场景刻纹骨板

燕文化，另一部分人群则投向了北方来的胡人，转变了经济方式，开始从事真正的游牧生活。

根据已有的研究①，欧亚草原地区各地早期游牧的起源不是同步的，也不是直线发展的，最早的游牧很有可能出现在远离发达农业文明且畜牧业发达的草原地带，与发达农业文明毗邻且与之关系密切的地区游牧产生得晚一些。游牧可能最先是在小范围内发生的，但是一旦部分地区产生了这种经济方式，就需要有足够的辅助生业来支持，很可能这一时期的人们选择了掠夺作为辅助。我们可以想象一下，一批批游牧人群骑着马不断地闯入定居或半定居草原畜牧人群的聚落中，迫使他们放弃自己的居住地，采取游动的经济方式。在这一过程中各个部落的武装化、移动性都不断加强，促进了马具和武器的发展。由于草原是不稳定的生态区，农业在这种情况下会遭受致命的打击，无法在草原地区继续。越来越多的草原人群加入游牧大军中，这样游牧社会就形成了。

虽然夏家店上层文化始终没有带领中国北方进入游牧社会，但夏家店上层文化人群创造了辉煌的青铜文化，制作了大量具有自身特色且装饰华丽的青铜剑，这些都是北方文化不可或缺的艺术瑰宝。

夏家店上层文化时期，欧亚草原的欧洲部分与亚洲

---

① 邵会秋、吴雅彤：《早期游牧文化起源问题探析》，《北方文物》2020年第1期。

部分的交往路线彻底打通，整个草原地区第一次成为了一个大的整体。这也是公元前7世纪后整个草原游牧时代形成的基础。夏家店上层文化就是东部草原最为典型的代表，它的繁荣与扩张为草原金属之路研究提供了重要证据①。

---

① 邵会秋、杨建华：《从夏家店上层文化青铜器看草原金属之路》，《考古》2015年第10期。

直刃匕首式青铜剑的

繁荣：玉皇庙文化

玉皇庙文化是东周时期河北北部山地非常有特色的一支考古学文化，早在1949年以前就有相关报道。1964年，北辛堡墓地的发掘使人们认识到，在燕国西北部存在着一种不同于中原文化的北方土著遗存。玉皇庙文化的年代上限大致在春秋中期，晚到春秋晚期至战国早期，末期可以延续到战国中期[①]，分布范围大致西起张家口地区，东至滦平、隆化一带，集中在太行山脉以北的冀北山地，包括军都山和燕山一带。

　　据统计，目前发现的玉皇庙文化墓葬约800多座[②]，以抹角长方形竖穴土坑墓为主，多单人仰身直肢葬。普遍有殉牲，多为肢解的马、牛、羊、狗的头和肱骨，随葬品比较丰富，以青铜器为主，集中分布于墓主人的腰部和颈部（图五八）。

　　在玉皇庙文化中，无论男女都普遍流行覆面葬俗。以

---

①　杨建华：《再论玉皇庙文化》，《边疆考古研究》第2辑，科学出版社，2003年。

②　滕铭予、张亮：《玉皇庙文化的发现与研究》，《北方文物》2011年第4期。

1   2

图五八　玉皇庙墓地墓葬随葬器物分布图[①]

1. YYM174　2. YYM171

① 本部分图版均改制于玉皇庙墓地发掘报告彩版，北京市文物研究所：《军都山墓地——玉皇庙》，文物出版社，2007年。

玉皇庙墓地为例，有207座墓葬发现覆面铜扣饰，而且很多覆面铜扣背面粘附有麻织物痕迹，有的穿鼻内还遗留有细麻线痕迹，说明这些覆面铜扣可能是缝缀于麻布的覆面巾上，在覆面巾腐朽之后遗留在死者面部（图五九）。

玉皇庙文化人群的武装化程度极高，一半左右的成年男子都随葬兵器，而且随葬兵器的墓葬规格普遍较高，随葬品的种类和数量也很丰富。随葬兵器中以直刃匕首式青铜短剑最具特色，在玉皇庙文化的命名确认之前，很长一段时间内，这类遗存就被称为"含直刃匕首式青铜短剑遗存"。仅在玉皇庙墓地就出土直刃匕首式青铜短剑86件，分别出自86座墓葬，每座墓葬1件，所有墓葬的墓主均为成年男性，妇女儿童墓葬中不随葬青铜短剑。短剑均为双范一次性浇筑而成，普遍较短，通长一般在26~28厘米之间，均为铜、铅和锡合金的实用器。短剑在墓葬中皆放置于死者腰间，部分剑身表面尚遗留有木质剑鞘痕迹或一层腐朽的皮鞘痕迹。

玉皇庙文化出土的短剑不仅数量多，种类也十分丰富。大多数青铜剑为蝶翅形剑格，柄首往往有动物造型装饰，极具艺术价值。

玉皇庙墓地M95：2，柄首为透雕的两只小熊作揖、对吻形象（图六〇，2）；M145：2，柄首镂刻四只上下左右两两相对的奔马，曲颈低首，剑柄横向镂刻四对幼犬，头向剑首，前肢蹲伏，剑格上阴刻两条相对奔跑的幼犬（图六〇，3）；M122：2，柄首为双蛇弯曲成双

图五九 玉皇
庙文化的覆面

1. YHM179
2. YHM172

1   2

图六〇 玉皇
庙文化青铜剑
（一）

1. YYM156：2
2. YYM95：2
3. YYM145：2

1   2   3

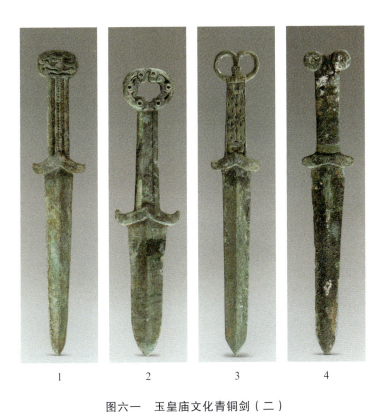

图六一　玉皇庙文化青铜剑（二）

1. YYM209：2　2. YYM175：2　3. YYM122：2　4. YYM57：2

环，剑柄中间有一凹槽，内饰阳刻独身双头蛇和与之盘绕的两端尖、蛇形三曲带状物的图案，舌头在身体的两端，均向上（图六一，3）；还有一些为相对的立兽柄首（图六〇，1；图六一，1、2）、羊角形柄首（图六一，4）或其他动物纹装饰柄首。

总体看来，在整个欧亚草原地区，很少有文化出土数量如此之多的直刃匕首式青铜短剑，这或许表明了青铜剑在玉皇庙文化武士阶层人群中的重要地位。在一个社会中，如果武士的地位相对较高，可能反映出当时战争频繁或生存条件恶劣，武士作为能够承担御敌或掠夺资源任务的社会群体，容易赢得尊重并获取较高的社会地位，他们也有能力使用社会资源来为自己制作相对精致的青铜短剑。很多动物具有人类所不能拥有的能力，因此他们很可能认为，在青铜短剑这样的武器上装饰这些动物纹，可以在战争中庇佑自己，从而增加自己的勇气，增强战胜敌人的信心。武士阶层对动物特殊技能的崇拜，也显示了他们渴望拥有某种人类不具备的超能力，同时这些动物纹装饰青铜剑也彰显出武士的社会地位。

除了以短剑为代表的武器外，玉皇庙文化的居民将各种牌饰、连珠饰件缝缀在衣物和腰带上，其中一些死者的装饰看起来十分繁缛。这些装饰品包括大量的动物纹饰件，主要是虎、马、羊、鹿、狗、鸟等动物形象（图六二），大多数为青铜饰件，少数高等级墓葬中出土了金饰件（图六二，1）。

玉皇庙M18是该墓地等级最高的男性墓葬之一，发掘报告称之为"酋长级"的墓葬。墓主人年龄40岁，身高1.79米。墓葬出土的装饰品种类多样，保存状况较为完好，出土位置等信息也十分明确。经复原，墓主人披头散发结小辫，左右耳各佩戴一只螺旋形金丝耳环，耳环下各附三颗绿松石坠珠。颈部锁骨处佩戴一件金虎形牌饰，胸前还有一串绿松石项链。上衣为方领，窄袖左衽，衣长至臀部，下衣可能为长裤。腰右侧悬挂一件花格剑，腰带身前正中为青铜带钩与铜环钩挂在一起，身后有六条野猪形带饰，每条带饰上端各有一铜环与腰带相连，末端膝盖处悬挂数枚野猪形铜坠饰。身前腰部至膝盖、股骨处有红色皮革制成的蔽膝，蔽膝边缘一周装饰双联小铜扣，上面还缝缀蜷曲动物纹和涡纹铜泡。根据这些信息并结合文献记载，我们复原出了M18的男性墓主人形象（图六三）。

　　玉皇庙文化作为燕国西北部的土著遗存，从地望和年代上看，都与文献中记载的白狄相一致。军都山墓地所代表的狄人从河西黄土高原经过鄂尔多斯和晋北地区，最终到达桑干河谷东端。玉皇庙文化墓葬出土的绝大多数中原式礼器和车马器等，均属于春秋晚期至战国早期，没有战国中期以后的器物，这与《史记》中赵襄子元年（公元前475年）灭代的记载相符合[1]。

---

[1]　林沄：《东胡与山戎的考古学探索》，《林沄学术文集》，中国大百科全书出版社，1998年。

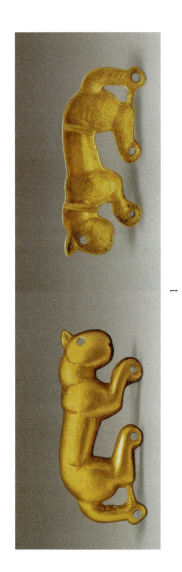

1

2

3

图六二　玉皇庙文化动物纹饰件

1. YYM18：5　　2. YYM226：6　　3. YYM261：7

图六三　玉皇庙墓地M18墓主人复原图

但是玉皇庙文化很显然不仅仅是东迁的狄人那么简单。在玉皇庙文化中存在着大量的夏家店上层文化因素，包括日用陶器、动物纹装饰、銎柄剑和齿柄刀等，因此玉皇庙文化很可能融入了来自燕山以北的夏家店上层文化人群。从春秋早期开始，由于齐桓公伐山戎，导致燕山以北的夏家店上层文化开始衰落，其中部分居民向南迁徙到冀北山地①，在这里，他们与西迁的狄人相融合，共同创造了发达的玉皇庙文化。玉皇庙文化在战国早中期之后随着中原诸侯国的北扩而衰亡，但这支"含直刃匕首式青铜短剑遗存"的人群并没有完全消失，部分玉皇庙人融入了战国燕文化中，另一部分人群向西北迁徙至内蒙古凉城岱海地区，这里发现的东周墓群仍然可以看到来自玉皇庙文化的影响。

① 杨建华：《再论玉皇庙文化》，《边疆考古研究》第2辑，科学出版社，2003年。

双鸟回首剑：草原

青铜器的东传

在早期铁器时代，草原地区流行一种短兵器——双鸟回首剑。这种短剑极具特色，短剑的柄首饰双鸟（或双鹰）回首造型的图案（图六四），剑格多呈蝶翅状或心形，广泛分布于整个欧亚草原东部地区。

东周时期，双鸟回首剑是中国北方地区的一种标志性武器。杨建华教授在其所著《春秋战国时期中国北方文化带的形成》[①]一书中，将长城地带春秋中期到战国晚期的遗存进行了统一分期，并划分出三大阶段，即"前双鸟回首剑时代""双鸟回首剑及其变体时代"和"立体和浮雕动物纹饰时代"，这充分显示出双鸟回首剑在我国北方草原文化中的重要地位。中国北方地区的双鸟回首剑主要发现于甘肃、宁夏、内蒙古的鄂尔多斯和岱海地区。虽然这些地区都有发现，但双鸟回首剑在各地并不是同时出现的，越向东出现的年代越晚，呈现出一种自西向东的传播趋势。

---

① 杨建华：《春秋战国时期中国北方文化带的形成》，文物出版社，2004年。

在中国北方地区，年代最早的双鸟回首剑出现在西部的甘肃和宁夏地区。银川中宁县倪丁村M1出土了一把残断的双鸟回首剑①。这把剑的剑首有两个相对的鸟头，鸟头刻画得比较写实，剑格下内凹（图六五，3）。这把短剑的年代较早，不晚于春秋晚期。

春秋晚期到战国早期，双鸟回首剑在我国北方地区广泛流行，甘肃和宁夏等地出土这类青铜剑的数量大大增加（图六五）。这一时期，短剑的鸟首相对比较写实，鸟嘴和眼睛清晰可见。内蒙古地区也发现了双鸟回首剑，最早见于内蒙古鄂尔多斯地区的公苏壕M1②（图六四，3）和内蒙古东部的毛庆沟墓地③（图六四，1、2）。其中毛庆沟M59出土的双鸟回首剑非常写实，柄首为两个鸟头相对联结，鸟的喙、眼、耳均清晰可见，喙下勾成两个小圆孔，头上有曲线装饰，柄中间起棱，剑格规整下斜，呈蝶翅状，柱状脊，通长27.3厘米（图六四，1）。

战国中晚期，双鸟回首剑在中国北方地区继续流行，但与上一阶段相比，鸟首开始变得抽象，简化成小双环。这一时期，双鸟回首剑向东传到了河北北部山地地区，这一地区的土著文化——玉皇庙文化此时已经衰亡，残留的文化因素与燕文化进行了融合。冀北地区只

---

① 钟侃：《宁夏中宁县青铜器短剑墓清理简报》，《考古》1987年第9期。
② 田广金：《桃红巴拉的匈奴墓》，《考古学报》1976年第1期。
③ 内蒙古文物工作队：《毛庆沟墓地》，《鄂尔多斯式青铜器》，文物出版社，1986年。

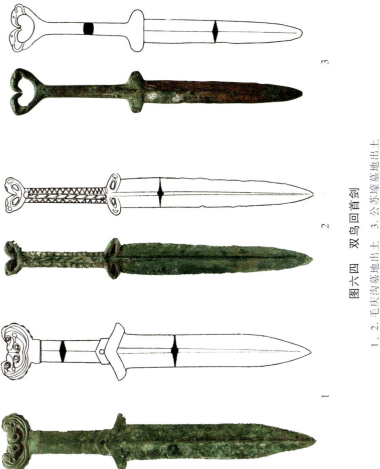

图六四　双鸟回首剑

1、2. 毛庆沟墓地出土　3. 公苏壕墓地出土

双鸟回首剑：草原青铜器的东传　125

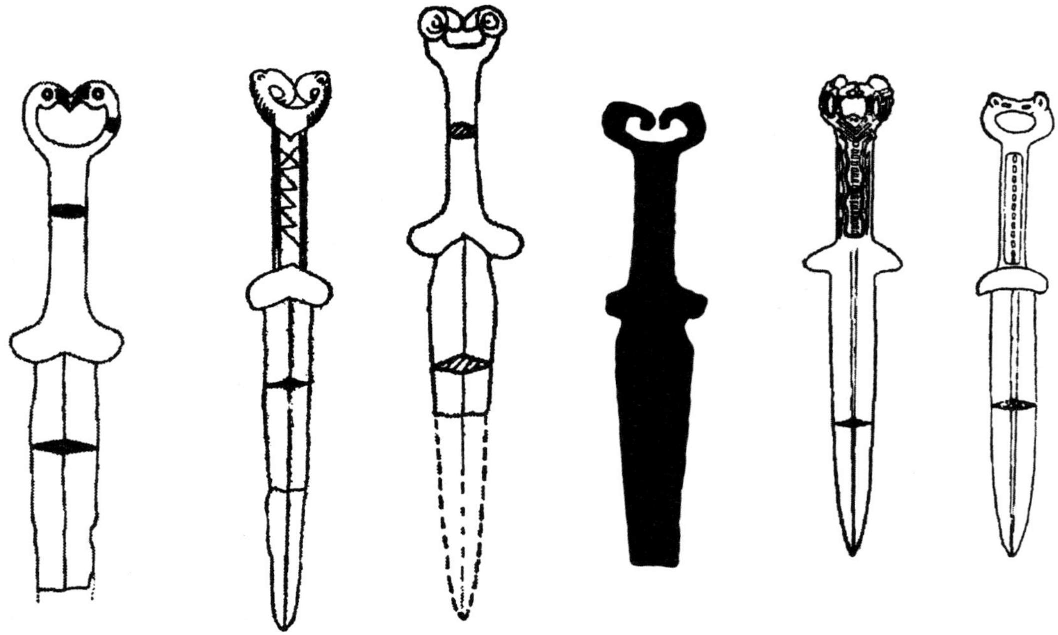

图六五　甘宁地区出土双鸟回首剑

1. 秦安征集　2. 庆阳李沟出土　3. 中宁倪丁村出土　4. 于家庄收集　5. 固原撒门村出土　6. 固原马庄出土

发现一件双鸟回首剑，出自北辛堡墓地[1]，柄首已经内卷成双环，茎作扁条形，上有三条凸棱，心形剑格，脊部隆起，两直刃前聚成锋。剑首遗有布痕，通长30.3厘米（图六六）。

境外草原地区的双鸟回首剑主要见于欧亚草原东部的哈萨克斯坦、南西伯利亚和蒙古等地，鸟首的刻画一般都比较写实。在哈萨克斯坦地区征集过多件双鸟回首剑，大部分收藏在地方博物馆中[2]。这些双鸟回首剑的剑格大都为蝶翅形（图六七，1~4），只有一件无明显剑格（图六七，5）。

在中亚的七河地区[3]，有一座非常著名的墓葬，这座墓葬就是被称为"金武士"墓的伊塞克古冢，1969~1970年由苏联学者阿基舍夫主持发掘[4]。墓主人随身佩带武器，穿着十分华丽，墓葬的保存状况良好，死者的服饰、帽子和头饰都被保留下来。墓葬中出土了大量的牌饰，这些牌饰是死者衣服上的装饰，系用金银锤揲法或

---

[1]　河北省文化局文物工作队：《河北怀来北辛堡战国墓》，《考古》1966年第5期。

[2]　Soren Stark, Karen S. Rubinson, *Nomads and networks: The Ancient Art and Culture of Kazakhstan*, Princeton University Press, 2012; Grigore Arbore Popescu, L'uomo d'oro, Electa, 1998.

[3]　即谢米列奇耶地区（Semiryechye），包括巴尔喀什湖以南，以伊塞克湖及楚河为中心的周边地区，大致包含了今哈萨克斯坦阿拉木图州、江布尔州和吉尔吉斯斯坦等地。

[4]　Akishev K. A., *Issyk Mound: The Art of Saka in Kazakhstan*, Moscow, 1978.

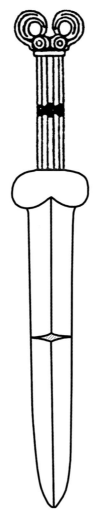

图六六　北辛堡墓地出土变体双鸟回首剑（M1：76）

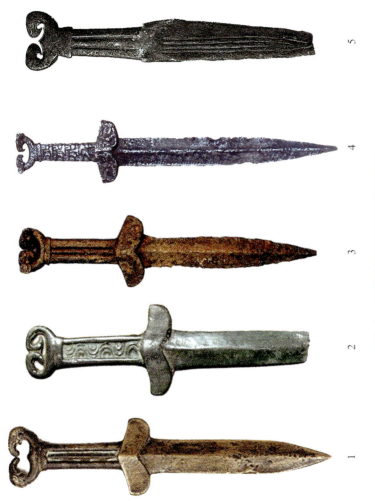

图六七 哈萨克斯坦出土双鸟回首剑

双鸟回首剑：草原青铜器的东传 129

铸造法制作而成。墓主人的衣服装饰有4 000多件金箔、牌饰和珠宝,佩戴的尖顶帽也十分独特,帽上装饰有很多金牌饰。金牌饰的题材有以下几种:神马形象,有翼有角,向后弯曲的角与向上卷曲的翼,形成了两个相对的卷曲纹;雪豹向上跃起作回首状,身上使用纵向条纹与横断的节段纹表现;锯齿状的山峰和"生命树";还有花瓣或火焰状的镂空条形银箔饰以及卷曲镂空的金箔饰。"金武士"的衣服用金带扣和牌饰束腰,如此奢华的装饰使他看起来像一尊金质的雕塑(图六八)。

这座墓葬中出土了一件镶金铁剑,剑的柄首装饰着双鸟回首形的金片,剑脊中部的金片上装饰有成排的动物纹(图六九)。

此外,在南西伯利亚和蒙古地区也出土了一定数量的双鸟回首剑(图七〇),如果将欧亚草原的这类短剑与中国北方的同类器进行比较会发现:越向东,双鸟回首剑柄部的鸟首刻画得越简单,短剑的年代越晚,鸟首也越抽象。从目前发现的材料看,双鸟回首剑在欧亚草原的分布很广泛。欧洲与西伯利亚交界的乌拉尔地区、南西伯利亚地区、米努辛斯克盆地及北部的克拉斯诺亚尔斯克地区和蒙古地区都有发现[1],而且数量从西向东呈递减之势。其中,以哈萨克斯坦和南西伯利亚发现的双

---

[1] Jeannine Davis-Kimball, *Nomads of the Eurasian Steppes in the Early Iron Age*, Zinat Press, Berkeley, CA, 1995.

鸟回首剑最为精致，短剑的剑柄和剑格上都装饰有精美的纹饰，代表了这种剑最发达的时期（图七一）。我国北方地区发现的双鸟回首剑是这种短剑分布区域的东南端，受到了来自西部的境外草原的影响。由于双鸟回首剑传布的范围广大，穿透力强，所以成为这个时代短剑的代表形制。它的流行反映出横亘欧亚大陆的马上民族普遍采用了同一种武器，并一同跨入了征战与联盟的时代[①]。

在双鸟回首剑自西向东传布的同时，还伴随着其他实用性青铜器的东传，其中与双鸟回首剑共存的典型器物是鹤嘴斧。

大约从公元前8世纪开始，欧亚草原各地先后进入了早期游牧时代。这一时期草原地区人群的交流十分广泛，部落间的战争也更加频繁，在管銎啄戈（图七二，1~4）的基础上制造出了鹤嘴斧，并开始广泛流行。最早的鹤嘴斧流行年代大约在公元前8~前6世纪，多有明显出身的管銎，在南西伯利亚、图瓦和阿尔泰等地，发现的数量非常多，是当地最为发达的武器之一（图七二，5~16）。早期的鹤嘴斧，具有明显出身的管銎，公元前5世纪左右，无明显出身管銎的鹤嘴斧开始流行（图七二，17~26）。分布范围除上述的南西伯利亚等地

---

① 杨建华、邵会秋、潘玲：《欧亚草原东部的金属之路——丝绸之路与匈奴联盟的孕育过程》，上海古籍出版社，2016年。

图六八　伊塞克古冢"金武士"复原图

图六九　伊塞克古冢出土双鸟回首剑

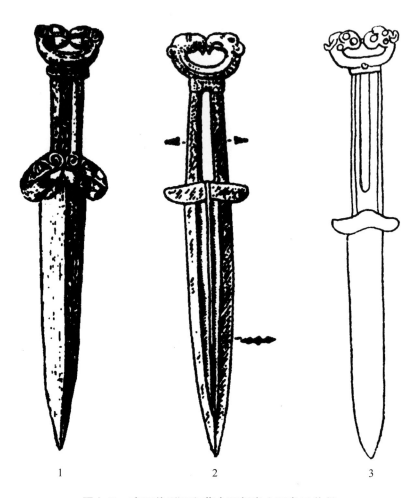

图七〇　南西伯利亚和蒙古西部出土双鸟回首剑

1.南西伯利亚出土　2.塔加尔文化　3.乌兰固木出土

　君子之兵：青铜剑与草原文化

外，还进一步扩大到中国的新疆和北方地区。此后，鹤嘴斧的材质由青铜逐渐变为铁，两端也变得下垂（图七二，27~29）。

中国北方地区的鹤嘴斧主要集中在内蒙古和宁夏等地，而不见于东部的冀北地区和辽西地区，目前北方地区发现的鹤嘴斧大都没有出身的管銎，属于晚期形制。西部的新疆地区也发现一定数量的鹤嘴斧，多为采集或征集品，从形制上看，既有早期的形制，也有较晚的形制，但新疆地区目前还未发现属最晚期形态的鹤嘴斧。

从鹤嘴斧的来源和发展演变情况看（图七三），早期鹤嘴斧在南西伯利亚、阿尔泰和图瓦等地使用得非常普遍，中国北方地区发现的鹤嘴斧大都属于晚期形制，新疆地区的发现也不见最早的形制。鹤嘴斧最早可能出现于南西伯利亚、阿尔泰和图瓦等地，之后向南、向东传布，影响到了新疆天山地区和中国北方地区。而作为北方文化重要分布区的内蒙古东部地区和冀北地区不见这种战斧，也表明了鹤嘴斧的向东传播路线以及分布的东界[1]。

此外，同双鸟回首剑和鹤嘴斧一起东传的还有小圆形鼓腹铜管及马面饰。在中国北方地区，这些器物最早出现在西部的甘肃和宁夏等地，之后继续向东传到内蒙

---

[1]　杨建华、邵会秋：《欧亚草原与中国新疆和北方地区的有銎战斧》，《考古》2013年第1期。

图七一　米努辛斯克博物馆藏双鸟回首剑[①]

---

① 吉林大学考古学院、俄罗斯米努辛斯克博物馆：《米努辛斯克博物馆青铜器集萃》，文物出版社，2021年，图165、164、166。

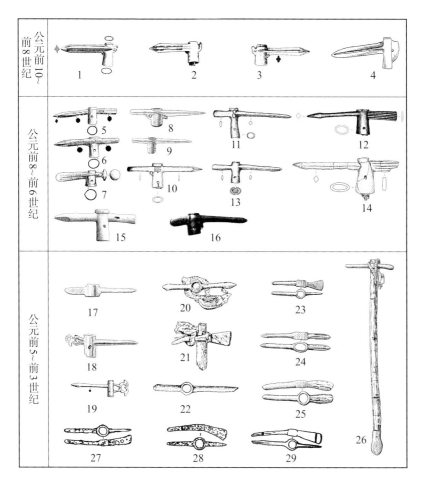

图七二 管銎啄戈（1~4）和鹤嘴斧（5~29）

1、2. 卡拉苏克文化　3. 鄂毕河流域　4. 外贝加尔　5~10、17~19. 塔加尔文化　11~14. 别拉亚加 I 号墓地（Belyj Jar）　15. 阿尔然 1 号冢　16. 阿尔然 2 号冢　20~22. 阿尔泰巴泽雷克文化　23~26. 图瓦乌尤克文化　27. 毛庆沟墓地　28. 饮牛沟墓地　29. 玉隆太墓地（27~29 为铁，其余均为青铜）

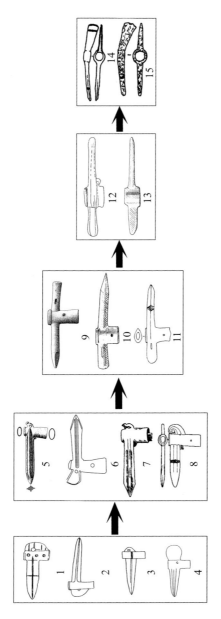

图七三 鹤嘴斧的来源与演变发展示意图

1. 昌平白浮西周墓 2. 外贝加尔 3. 米努辛斯克盆地 4. 青海东村砖瓦厂 5、7. 卡拉苏克文化 6. 洋海墓地采集 8. 群巴克1号墓地（M5C：4） 9. 阿尔然1号冢 10、13. 塔加尔文化 11. 乌鲁木齐板房沟 12. 哈密阔腊墓地 14. 玉隆太墓地 15. 饮牛沟墓地

古和冀北地区。在欧亚草原东部的广大区域，双鸟回首剑、鹤嘴斧、小圆形鼓腹铜管和马面饰呈现出一致的年代分布状况，即越往东出现的年代越晚，反映出草原青铜器的东传。

三叉式护手剑：从西北到西南的通道

三叉式护手剑因剑格（护手）呈三叉形而得名，剑柄多为铜质，剑身为铁质，三叉形的护手正是用来联结并固定剑柄和剑身这两种不同材质的金属。三叉式护手剑主要分布于我国的西北和西南地区，是一种形制较为特殊的铜柄铁剑（图七四）。

　　三叉式护手剑具有浓厚的区域特征和时代特色。西北地区的甘肃庆阳、宁夏银南和固原等地都有发现，流行的年代为东周时期。1996年，宁夏固原县头营乡石羊村出土了一件非常典型的三叉式护手铜柄铁剑，剑首呈蘑菇形，剑柄断面呈椭圆形，柄上饰密集乳钉纹。格中部束腰，伸出四叉，两侧二叉向外扩，中间两叉稍短，紧贴在一起，紧裹铁质剑身，铁质剑身锈蚀严重。残长55厘米，格宽5.2厘米（图七五）。

　　近年来，与上述形制类似的三叉式护手剑在西北地区多有发现（图七六）。由于铁质剑身腐朽严重，三叉式护手剑出土时大多仅保留了铜柄，其中以蘑菇形柄首最为常见。这些短剑的流行年代相对集中，大多属春秋中期到战国晚期，与甘宁地区北方系青铜文化的时代相

图七四　三叉式护手剑

1. 甘肃墩坪墓地出土　2. 鄂尔多斯博物馆藏　3. 宁夏王大户墓地出土

图七五　固原出土三叉式护手剑（固原县头营乡石羊村）

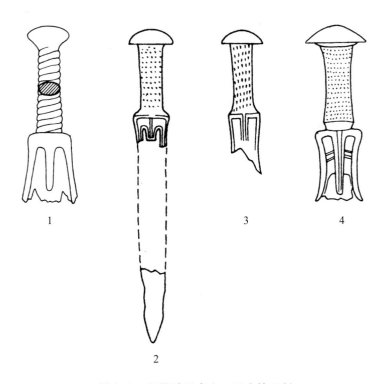

图七六　西北地区出土三叉式护手剑

1. 甘肃庆阳城北葬马坑　2. 固原彭阳县交叉乡官台村出土　3. 西吉县陈阳川出土　4. 固原县杨郎乡马庄墓地出土

当，而且多出自北方青铜文化的墓葬中。

在西北地区，三叉式护手剑不仅见于北方青铜文化的墓葬中，秦文化的墓葬中也有出土。甘肃礼县大堡子山秦墓就出土过一件，剑身已经朽坏，柄长10厘米，饰有螺旋状斜带纹，剑首为平顶椭圆形（图七七），简报认为大堡子山M1的年代为春秋晚期[①]。秦文化发现的三叉式护手剑，剑首为平首，这与北方地区的蘑菇形柄首不同，属秦墓的自身特色。秦墓的短剑平首上多有纹饰，柄部所饰的螺旋纹也十分繁杂，而西北地区北方文化墓葬中，短剑的帽首与柄部的螺旋纹均为素面。这说明三叉式护手铜柄铁剑在传入秦文化时，秦人对其进行了自己的创造[②]。实际上，秦文化中的三叉式护手剑数量并不多，最常见的是一种被称为"花格剑"（也有人称为秦式剑）的青铜短剑，我们将在下文中进行专门阐述。

西南地区是三叉式护手剑的另一个重要分布区。在四川北部、西部、洱海地区和滇池地区的墓葬中都发现一定数量的三叉式护手剑（图七八）。这一地区的三叉式护手剑种类繁多，基本囊括了西北地区三叉式护手剑的所有形制，发现的绝对数量甚至更多。但这些三叉式护手剑的年代基本都在战国到西汉时期，没有年代更早的。

---

① 早期秦文化联合考古队：《2006年甘肃礼县大堡子山东周墓葬发掘简报》，《文物》2008年第11期。
② 杨建华：《三叉式护手剑与中国西部文化交流的过程》，《考古》2010年第4期。

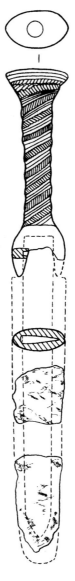

图七七　甘肃礼县大堡子山秦墓出土三叉式护手剑（M1∶17）

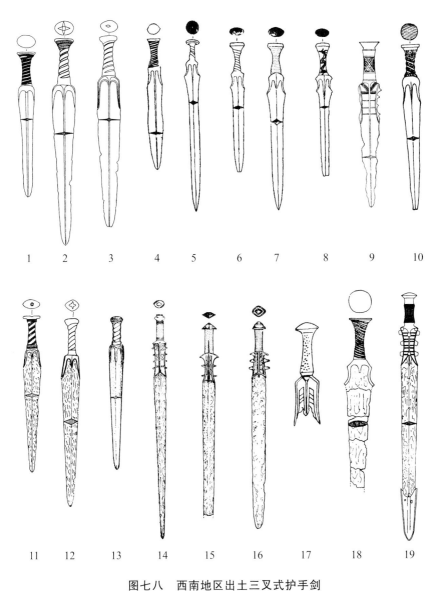

1	2	3	4	5	6	7	8	9	10

11	12	13	14	15	16	17	18	19

图七八　西南地区出土三叉式护手剑

1~10. 洱海地区　　11~17. 四川北部地区　　18、19. 滇池地区

西南地区的三叉式护手剑是从西北地区传入的，这一点已经成为学术界的共识[1]。我国的西北地区和西南地区自古以来就是联系非常紧密的两个区域，两地之间有很多河流山川，大多数河流与山脉都是南北向的。西北和西南地区间有岷江、白龙江、雅砻江、金沙江和澜沧江，这些河流峡谷有多条连接两地的交通路线，这些路线也成为古代南北文化交流的重要通道。费孝通先生在20世纪80年代初，提出并完善了"藏彝走廊"这一概念，指的就是西北和西南两地间相互联系的交通要道。童恩正先生在发表于20世纪80年代的《试论我国从东北至西南的边地半月形文化传播带》一文中，提出了著名的"边地半月形文化传播带"概念。这个传播带，实际上是由长城地带和藏彝走廊两部分构成的。童恩正先生认为，在中国大地上，从东北到西南，存在一个半月形的文化传播带，细石器、石棺葬、石棚墓、石头建筑遗迹、穿孔石器、双孔半月形石刀、双大耳罐和动物纹装饰等都是这条传播带所经地区间相互联系的重要证据。他还认为相近的山地或高原地貌、较为一致的气温气候等自然因素以及不同经济类型的部族集团之间的关系等社会因素，是文化传播带产生的重要

---

[1]　宋治民：《三叉格铜柄铁剑及相关问题的探讨》，《考古》1997年第12期；杨建华：《三叉式护手剑与中国西部文化交流的过程》，《考古》2010年第4期。

原因①。

西北和西南地区之间的联系一直受到学术界的广泛关注。这两个地区交接地带的地形、气候等自然环境比较接近，而且由于西南地区人口相对稀少，自然资源丰富，居住在甘青地区的氐人和羌人，曾多次南迁至四川的西北部和西南部等地。我国的西北和西南地区间的联系自新石器时代就已经开始了，有学者认为地理位置相邻和自然环境相近是甘青地区诸考古学文化向西南山地传播的重要条件，人口压力和气候变冷导致的生业方式改变可能是甘青地区人群向西南山地迁徙的重要原因②。从西北向西南的文化传播有许多考古学证据，本书所讲的三叉式护手剑就是其中重要的一个。

西南地区的三叉式护手剑是由西北地区传来的，但西北地区的三叉式护手剑来源于何地，尚没有明确的答案。西北地区最早的一件三叉式护手剑出自宁夏中卫狼窝子坑墓群M3③，这件三叉式护手剑为帽形剑首，螺旋纹剑柄，护手与剑身相交为尖形齿槽（图七九）。根据共存的管銎戈可将其年代定在春秋中期。西北地区并没有发现年代早于东周的三叉式护手剑。杨建华教授认

① 童恩正：《试论我国从东北至西南的边地半月形文化传播带》，《文物与考古论集》，文物出版社，1986年。
② 陈苇：《先秦时期的青藏高原东麓》，科学出版社，2012年。
③ 周兴华：《宁夏中卫县狼窝子坑的青铜短剑墓群》，《考古》1989年第11期。

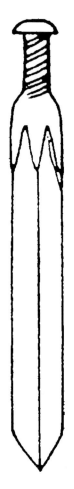

图七九　宁夏中卫狼窝子坑墓群M3出土三叉式护手剑

为西北地区三叉式护手剑的雏形见于新疆的天山北路墓地，更早的祖型来自境外的组合剑或仿组合剑[①]。这种剑的最初形制是由剑柄插入剑身，并用两个铆钉加以固定，后来成为一种短剑的式样。这种分体制造的组合剑在欧洲地区非常流行，不但发现的数量多，而且种类也十分丰富（图八〇）。欧洲流行的这种分体式组合剑的形制，非常适合用两种金属合铸，无论从形制还是从制作手法看，这种分体式短剑都与中国西北地区流行的三叉式护手剑非常相似，因此我们有理由相信西北地区东周时期出现的三叉式护手剑的祖型最早来源于欧洲的分体式组合剑。

另外在西北地区还发现有仿三叉式护手剑，这种青铜剑通体合铸，但剑格部制作成分叉的造型（图八一），长度在20厘米左右，它们很可能是在借鉴了三叉式护手铜柄铁剑的样式基础上制作而成。但由于这些都是著录青铜剑，并没有具体的出土背景，所以无法作进一步的分析和讨论。

中国西北地区一直以来就是东西方文化交流的重要通道，这一地区发现的早期铜器比中原地区的发现年代更早，数量也更多。西北地区很多铜器的器形与境外铜器存在很大的相似性，齐家文化和四坝文化在中国早期

---

① 杨建华：《三叉式护手剑与中国西部文化交流的过程》，《考古》2010年第4期。

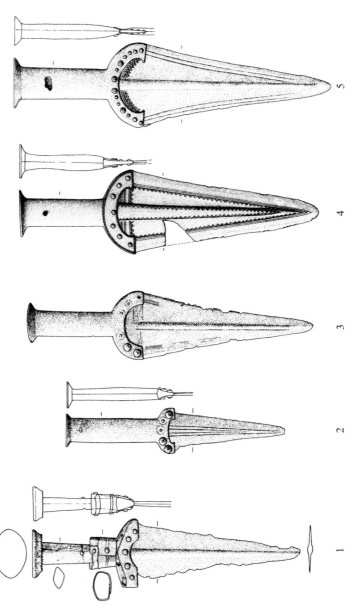

图八〇 欧洲出土分体式青铜剑（亚平宁半岛出土）

铜器的起源和发展中都发挥了重要的作用[①]。到了东周时期，三叉式护手剑在西北地区的突然兴起或许仍然是借鉴了来自境外地区的分体式组合剑，但很快就形成了具有自身特色的铜柄铁剑。可能由于东部文化的强大和阻碍，这种短剑没有能够继续向东发展，而是向文化相对落后、人口稀少的西南地区传播，最终这种短剑成为了西北和西南地区最具特色的武器之一。

---

① 杨建华、邵会秋：《中国早期铜器的起源》，《西域研究》2012年第3期。

图八一 《欧亚东部草原的古代青铜器》著录仿三叉式护手剑^①

---

① Emma C. Bunker, *Ancient Bronzes of the Eastern Eurasian Steppes*, the Arthur M. Sackler Foundation, 1997, fig.170、171.

花格剑：与中原为邻的戎狄文化带

花格剑是一种具有鲜明地域特色的直刃匕首式青铜短剑，它的主要特征是剑格做成兽面形，剑柄多有繁缛的纹饰，剑柄与剑身由青铜合铸而成（图八二）。目前发现的花格剑大约有80件，大多数出自墓葬。这类短剑主要分布于甘肃的礼县、灵台，陕西的西安、宝鸡、凤翔和陇县，北京的延庆，河北的怀来、滦平和隆化，山西黎城，山东长岛和河南辉县等地[①]。

花格剑由于柄部的繁缛纹饰，很早就受到学者们的广泛关注。早在1984年，郑绍宗先生就已经注意到了分布在北方长城地带的这种青铜剑，他认为花格剑是一种受中原文化影响而产生的带有北方风格的青铜剑[②]。此后多位学者都对花格剑进行过专门的讨论。

在这类短剑中，最具特色的一种是柄首作半圆形的浮雕兽首，茎部饰蟠螭纹或蟠虺纹的花格剑。这种花格

---

① 井中伟、刘连娣：《中国北方系青铜"花格"剑研究》,《边疆考古研究》第13辑，科学出版社，2013年。
② 郑绍宗：《中国北方青铜短剑的分期及形制研究》,《文物》1984年第2期。

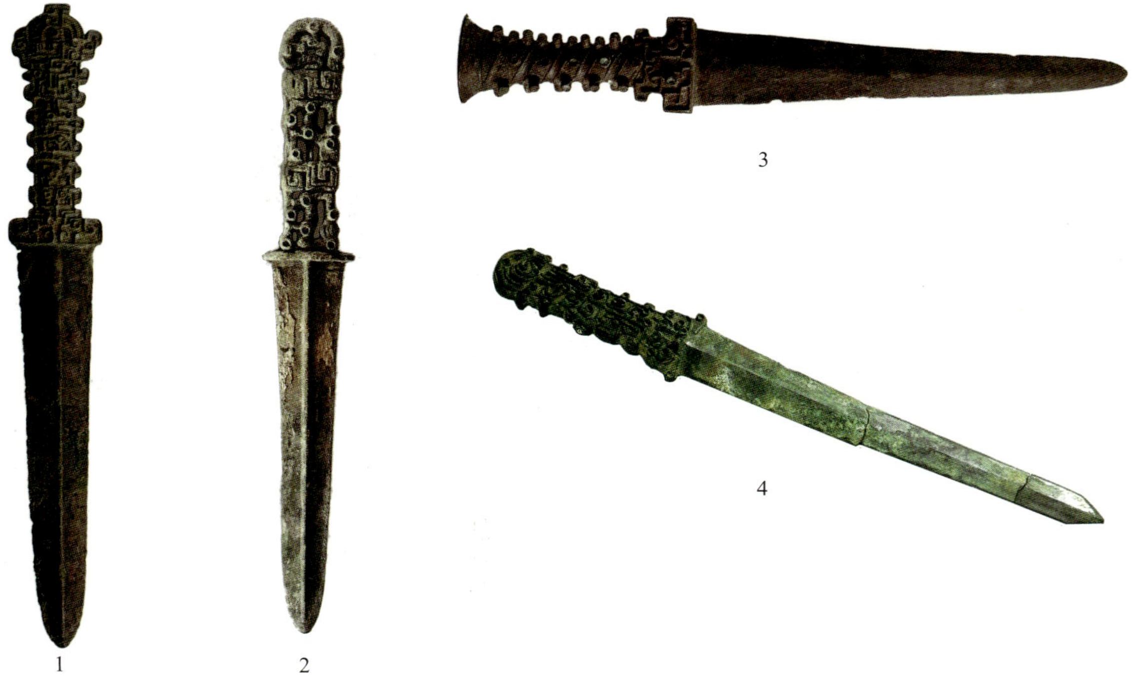

图八二　花格剑

1. 甘肃礼县大堡子山 IM25：130　2. 葫芦沟墓地 M24：1　3. 甘谷毛家坪 GMM1045：21　4. 玉皇庙墓地 M18：8

　君子之兵：青铜剑与草原文化

剑柄部纹饰繁缛，柄上往往镶嵌有绿松石（图八三），制作工艺较为复杂，很显然属于一种特殊的短剑形制。这些花格剑大多出自墓葬中，有共存的、年代明确的遗物，最早出现于西周晚期，主要流行于春秋时期，茎上纹饰由粗疏的蟠螭纹演变为细密的蟠虺纹，兽面纹由形象写实逐渐变得抽象简化。

除上述形制外，还有以下几类花格剑：剑柄大致呈工字形、柄首近似圆角长方形或不规则"花冠"形的花格剑（图八四，1）；剑柄呈亚腰喇叭形的花格剑（图八四，3）；剑柄上饰螺旋状条带纹的花格剑（图八四，2）；剑柄一侧有环形穿鼻、剑首为镂空扁球体或球形的花格剑（图八四，4、5）。这些花格剑的流行年代大都集中在春秋时期。

花格剑剑柄上多镶嵌绿松石，制作非常华丽，甚至有的花格剑为金质剑柄或附带华丽的剑鞘。显然，这已经超越了作为武器来使用的单一功能，很可能作为一种用来彰显身份和地位的铜剑形制。花格剑上的兽面纹、蟠螭纹和蟠虺纹等装饰显然是受到了中原文化的影响而出现的，这一点在学术界已基本达成共识，但关于花格剑的具体文化属性问题仍存在不同的意见。

一种意见认为绝大多数的花格剑明确出于秦墓之中，是秦文化所特有的因素，为了便于将其与其他地区的短剑区分开来，可以称之为"秦式短剑"。这一观点以张天

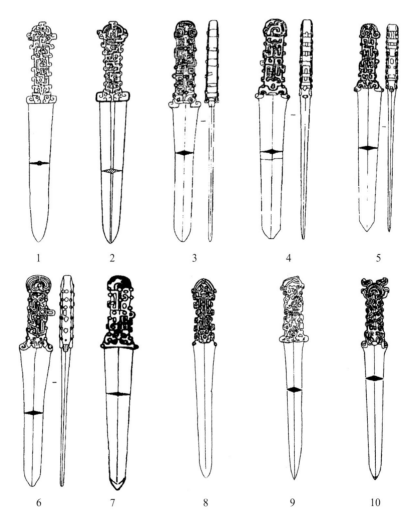

图八三　饰蟠螭纹或蟠虺纹的花格剑

1. 陕西凤翔八旗屯 BM27 出土　2.甘肃礼县大堡子山 IM25：130　3~6. 北京市延庆县军都山玉皇庙 M13：2、M18：8、M300：2、M384：2　7. 河北怀来甘子堡 M8：5　8. 河北怀来大古城出土　9. 河北怀来安营堡出土　10. 河北滦平窑上营房西山墓出土

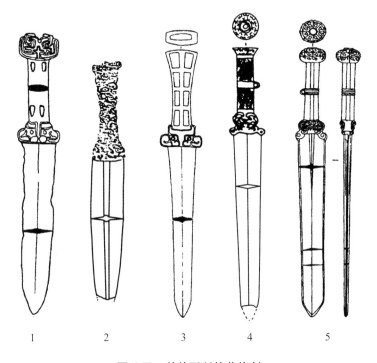

图八四 其他形制的花格剑

1. 内蒙古博物馆藏　2. 河北骆驼梁墓地出土　3. 甘肃礼县圆顶山墓
地出土　4. 怀来甘子堡出土　5. 玉皇庙墓地出土

恩先生为代表①，他认为这种短剑"上承西周折肩柳叶形短剑的形式，直接因袭西周晚期兽纹柄短剑的风格"②。

另外一种意见认为，花格剑是一种受中原影响的北方风格的短剑。这一观点以陈平先生为代表，他认为花格剑并非"秦文化所特有的因素"，在总体风格上"仍应从属于北方草原风格的直刃匕首式青铜短剑这个大系统"③。林沄教授也认为"这种形式特殊的剑并不是秦文化的剑，而是一种和秦人有一定交往的北方族团特有的剑"④。

在花格剑的分布区中，甘肃东部、陕西和河北北部发现的数量最多。除秦文化外，这类青铜剑并没有在中原地区的其他诸侯国流行，而在北方的戎狄遗存中多有发现。从文献记载看，春秋时期的戎狄与中原各国的联系非常紧密，它们的文化中也融入了中原文化因素，因此在戎狄人群中出现受中原文化影响的花格剑也不足为奇。

目前发现的花格剑中，有两件年代最早。一件出自甘肃宁县宇村墓地M1⑤，这件青铜短剑系柄身合铸，柄首作浮雕状的侧视兽首形，瞪目，卷鼻，血口喷张，口

---

① 张天恩：《秦器三论——益门春秋墓几个问题浅谈》，《文物》1993年第10期。
② 张天恩：《再论秦式短剑》，《考古》1995年第9期。
③ 陈平：《试论宝鸡益门二号墓短剑及有关问题》，《考古》1995年第4期。
④ 林沄：《从张家口白庙墓地出土的尖首刀谈起》，《林沄学术文集（二）》，科学出版社，2008年。
⑤ 许俊臣、刘得祯：《甘肃宁县宇村出土西周青铜器》，《考古》1985年第4期。

衔人头；茎部上段饰有两条略有错落的相对的夔龙纹组成的兽面纹，下段饰窃曲纹；格为兽面形；剑身有中脊，脊两侧有血槽，通长23.1厘米（图八五，2）。另一件出自内蒙古宁城南山根M101[①]，这件花格剑的剑柄呈中空的扁平长方体，顶端与侧面均有长条形镂孔，柄首作浮雕状的正视兽首形，额中有一穿孔；茎部饰两条交体相向的夔龙纹；剑格较宽，饰兽面纹；剑身有柱脊，通长26.2厘米（图八五，1）。这两件花格剑的年代大致相当，均为西周晚期前后。宇村墓地M1中除了少量的周式铜器外，还出土了数量较多的典型北方系青铜器，如双耳小罐、绹索状柄小勺、虎形牌饰以及兽形杖头饰等，这些日常生活用器和装饰品更能表明该墓属于北方文化系统，墓主也并非来自中原，而很可能是当地的羌戎贵族[②]。宁城南山根M101则属于典型的夏家店上层文化的贵族墓葬，族属为山戎。因此，从目前的发现看，最早的花格剑都来自北方的戎狄遗存。此外，秦人在开疆拓土的过程中，融入了大量的戎狄人群，因此秦文化中的花格剑也极有可能来自戎狄文化，而且在河北北部的玉皇庙文化中，花格剑的数量丰富，这个文化也属于狄人遗存。

---

① 辽宁省昭乌达盟文物工作站等：《宁城县南山根的石椁墓》，《考古学报》1973年第2期。

② 井中伟、刘连娣：《中国北方系青铜"花格"剑研究》，《边疆考古研究》第13辑，科学出版社，2013年。

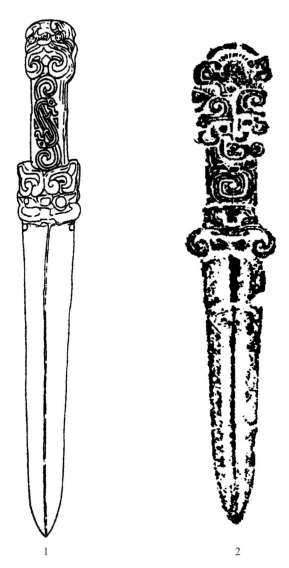

图八五　北方地区发现最早的花格剑

1. 宁城南山根M101：35　2. 宁县宇村M1：8

　君子之兵：青铜剑与草原文化

综上所述，花格剑可能是一种受中原文化影响但兴起于北方戎狄部落的短剑。大约在西周晚期前后，与中原人群交往密切的戎狄部落，吸收了中原文化中的兽面纹和蟠螭纹等装饰风格，创造出了这种剑柄独具特色的"花格剑"。而这种剑被秦人所喜爱，在秦地广为流行。同时，花格剑随着戎狄人群的东迁，也在冀北地区传播开来。

北方的戎狄遗存主要分布于长城地带，这一地带是欧亚草原的重要组成部分，历史上曾是中原地区和西方交流的大通道，也是农牧文明的交错中心。在这片土地上孕育了一批和中原农业居民完全不同的人群，他们与南部农业人群相互依存、相互斗争，不断地为中华民族的融合输送新鲜的血液，在中国发展成今天版图的过程中发挥了非常重要的作用。

春秋时期的戎狄部落与中原各国关系紧密，他们时战时和，这在先秦文献《春秋》和《左传》中都有许多相关的记载，如《左传·成公十三年》晋国对秦国国君说，"白狄及君同州"；《春秋·宣公八年》公元前601年"晋师、白狄伐秦"。文献记载的戎狄不相统属且彼此攻击，对华夏诸国有很强的侵略性，伐邢、入卫、灭温、伐郑、败周师、侵齐、侵鲁等记载不绝于史。其中著名的一支——白狄，甚至还曾入主中原，建立了中山国。在戎狄与中原人群的交往过程中，北方文化和中原文化不断发生融合。同时在北方长城地带也逐渐形成了贯穿东西的文化带——戎狄文化带^①，在这个文化带中，戎狄人群不断迁徙，使得长城地带人群的关系更为紧密。公元前623年，秦霸西戎，河西的戎人进一步东迁，他们从山西北部，经桑干河和滹沱河，分别进入河北北部地区，一支在冀北地区形成了玉皇庙文化，另外一支顺滹沱河穿越太行山来到河北中部地区，建立了鲜虞中山国，在这个过程中，花格剑也在北方草原地区得到了传布和发展。

---

① 杨建华：《春秋战国时期中国北方文化带的形成》，文物出版社，2004年。

曲刃剑：别具一格的
东北系青铜剑

与北方草原地区广泛流行的直刃短剑不同，在东北地区流行一种形制特殊的曲刃剑。这种青铜剑由剑身、剑柄和加重器三部分组合而成，剑柄和剑身分体铸造，柄首镶嵌一块石质的枕形加重器，用来加大刺击力量。剑柄整体呈丁字形，柄部下方为喇叭状，以圆柱形的剑茎插入柄内。剑身两侧刃部有不同程度的弧曲，一般为柱状脊（图八六）。日本学者将这种青铜剑称为"辽宁式铜剑"，韩国学者称之为"琵琶形铜剑"，此外还有"丁字形青铜短剑"等称呼。林沄教授对这类青铜剑进行过专门的研究，他认为这类青铜剑自身经历了很长时间的发展和演变，形态上特征明显，分布也具有显著的地域性，可称之为"东北系铜剑"[①]。

东北系青铜剑主要分布于我国辽宁、吉林、内蒙古东南部、河北东北部，以及朝鲜半岛等广大地区，是我国东北及其周边地区青铜时代最具代表性的青铜剑。

[①] 林沄：《中国东北系铜剑初论》《中国东北系铜剑再论》，《林沄学术文集》，中国大百科全书出版社，1998年。

图八六　东北系青铜剑

由于东北系青铜剑是一种剑柄和剑身分体铸造的青铜剑，因此在考古发现中，剑柄和剑身往往也是分开发现的，而且剑柄和剑身都存在自身的发展演变规律。

　　东北系青铜剑的剑柄非常具有特色，整体呈 T 字形，以铜质为主，可能存在少量的有机质的剑柄，但大多已腐朽。金属剑的柄首镶嵌石质的加重器，均由密度很大的黑色铁矿石精细磨制而成。从上俯视，剑柄呈 8 字形，柄上多装饰云雷纹或三角勾连纹等纹饰（图八七），随着时间的推移，剑柄纹饰有逐渐简化的趋势。

　　东北系青铜剑的剑身两侧均有明显的曲刃，中间有柱状的棱脊（图八八）。早期的青铜剑都有尖突和隆节，而且剑身相对宽短，晚期的青铜剑较为细长，剑身的长宽比不断增大。

　　这类青铜剑的年代上限可到西周晚期，在春秋和战国时期最为流行。关于最早的东北系青铜剑的来源，学术界目前还存在着不同意见。日本学者秋山进武认为这种青铜剑是从西向东传布的，辽西地区发现的青铜剑最早，后来也有学者表达了相似的意见[①]。但林沄教授认为"迄今为止，形态较早而共存器物年代也可能早到西周晚期的东北系铜剑只在辽东和吉长地区被发现，辽西地区东北系铜剑发现数量多，多长大而精美，只能说明这

---

① 迟雷：《关于曲刃青铜短剑的若干问题》，《考古》1982年第1期；靳枫毅：《论中国东北地区含曲刃青铜短剑的文化遗存》，《考古学报》1982年第4期。

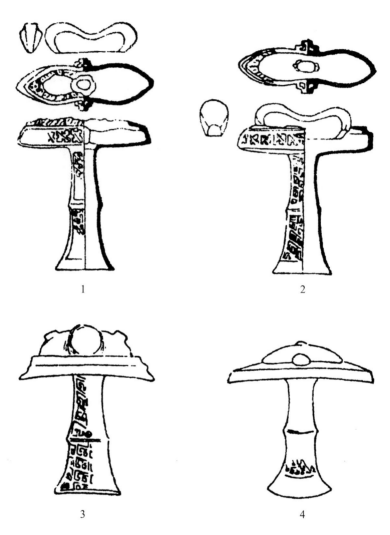

图八七　东北系青铜剑剑柄

1. 锦西寺儿堡出土　2. 喀左南洞沟出土　3. 法库出土　4. 朝阳出土

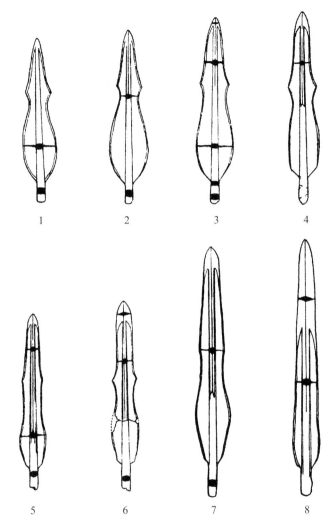

图八八　东北系青铜剑剑身

　　1. 抚顺甲帮出土　2. 旅大双坨子出土　3. 辽阳二道河子出土　4. 朝阳十二台营子出土　5、6. 沈阳郑家洼子出土　7. 锦西寺儿堡出土　8. 新城高碑店出土

图八九　韩国出土细形剑

　君子之兵：青铜剑与草原文化

图九〇 柄身合铸的曲刃剑

1、2. 宁城南山根出土 3. 宁城南山根 M101 出土 4. 小黑石沟 M8501 出土

里的铸剑业一度很昌盛，却无法证明这里是东北系铜剑的发源地"①。

无论是辽西起源说还是辽东起源说，都表明辽宁地区是东北系青铜剑的核心分布区。青铜时代晚期，在南部的朝鲜半岛也发现了一些曲刃青铜剑，这些青铜剑剑身细长，中间起脊，短茎，曲刃（图八九），韩国学者称之为"韩国式铜剑"，日本学者将类似的青铜剑称为"细形铜剑"。这种青铜剑流行的年代为战国末期到西汉时期，形制与东北系青铜剑差别较大，很可能原产于朝鲜半岛②，但是曲刃和分体铸造的传统很可能来源于邻近的东北系青铜剑。而且从铅同位素的分析看，朝鲜半岛和日本细形青铜剑等武器用的铅原料也可能出自中国大陆③。

东北系青铜剑与北方地区流行的直刃青铜剑差别非常明显，显然属于不同的系统，但在辽西地区出现了兼有这两种系统特征的青铜剑。在夏家店上层文化中，存在着多种形制的青铜剑，銎柄剑、动物柄首青铜剑、平首剑和东北系青铜剑都有一定数量的发现，除了这些青铜剑外，还发现一种柄身合铸的曲刃剑，这种青铜剑的

---

① 林沄：《中国东北系铜剑再论》，《林沄学术文集》，中国大百科全书出版社，1998年。

② 林沄：《中国东北系铜剑初论》，《林沄学术文集》，中国大百科全书出版社，1998年。

③ 李刚：《朝鲜半岛及日本细形青铜武器的原料产地》，《文物保护与考古科学》第18卷第3期，2006年。

剑身与东北系青铜剑较为相似，但铸造工艺不同。夏家店上层文化发现的曲刃剑，剑柄和剑身合铸而成，而且剑柄的形制十分多样（图九〇），既有人形，也有动物纹装饰，这与东北系青铜剑的T字形剑柄差异非常明显，但与北方系直刃青铜剑较为相似，因此，夏家店上层文化的曲刃剑应是北方系青铜剑和东北系青铜剑融合产生的。其中，有一件极具艺术价值的青铜剑精品，就是1958年出自内蒙古宁城南山根的"阴阳剑"。这件青铜剑整体厚重，铸造精良，剑柄铸成圆雕的男女裸体人像，男性两臂下垂，双手护小腹，女性曲臂，双手交叉于胸前，耳和肩部下方两侧各有两个长方形横穿。剑格近似一字形，剑身两侧刃弧曲，节间位于剑身中部，柱状脊上有三道棱线，柄长10厘米，通长31.6厘米（图九〇，1）。

东北系青铜剑形制独特，分布广泛，延续的时间很长，对东北亚地区青铜时代文化产生了非常重要的影响。虽然它与北方草原地区青铜剑形制差异很大，分属不同系统，但在夏家店上层文化的青铜剑中也能看到东北系青铜剑的影子。而且，作为一种具有鲜明区域特色的曲刃短剑，它在中国青铜剑的发展进程中占据着十分特殊的地位。

何以成剑：青铜剑的铸造

青铜剑的种类繁多，时代和地域差异非常明显，那这些样式繁杂的青铜剑是如何制作成的呢？

传说中"干将作剑，采五山之铁精，六合之金英，候天伺地，阴阳同光，百神临观，天气下降……于是干将妻乃断发剪爪，投于炉中，使童女、童男三百人，鼓橐装炭，金铁乃濡，遂以成剑"（《吴越春秋·阖闾内传》）。这种记载无法从考古发现中得到印证，但近年来冶金考古的发展为我们了解青铜剑的制作过程提供了重要的参考。

制作青铜剑的最基本原料是铜，铜料是先秦时代最为重要的资源之一。各个朝代都严控铜矿资源，商王朝为了直接控制湖北大冶的铜绿山铜矿资源，在矿山通往中原的要冲——长江北岸曾建立规模宏大的盘龙城。在铜矿附近建造冶炼中心将矿石炼成铜锭，然后将铜锭运输至铸造中心，在铸造中心将铜锭冶炼，再加入合金，用模范浇铸成青铜剑，这是最基本的冶金环节（图九一）。商代的殷墟、西周的周原和东周时期的侯马都曾是重要的铸造中心。在周原遗址曾出土过两个饼形的铜锭（图九二），每个铜锭的重量都在5千克左右，含铜量都超过97%①。

中国古代的青铜剑绝大部分是采用范式铸造方法制作的，青铜剑范铸法基本工艺流程可以分为塑模、翻范、合范、浇注、打磨和整修五个步骤。具体的铸剑方法有三种：

第一种，整铸法，用两块闭合范一次浇铸成型，优点是工序简单，生产效率高，但只适合铸造形制和功能简单的青铜剑。

第二种，分铸铸接法，通常先铸成完整剑身，然后将剑身置于铸造剑格、剑茎、剑箍、剑首的陶范内，分别铸接格、茎、箍及首，这种铸造工艺在春秋和战国时期普遍使用②。

最后一种是复合剑的铸造方法。所谓"复合剑"，剑脊含铜量高，韧性好，不易折断，剑刃含锡量高，非常锋利；剑脊发黑，剑刃泛白，也被称为双色剑。这种剑分两次铸造，分别铸造韧性好的剑脊和硬度高的剑刃，然后利用榫卯结构和铸接法将剑脊与剑刃结合在一起。这是一种高超的铸剑工艺，著名的越王勾践剑就是使用这种铸造方法分别铸出剑首和剑身，然后再铸接在一起。

---

① 曹玮：《周原出土青铜器（十）》，巴蜀书社，2006年，第2229、2230页。
② 高守雷等：《浅议中国古代青铜剑的铸造技术》，《生产技术》2018年第4期。

图九一　从矿石到青铜剑

矿石　　冶炼　　铜锭　　浇铸　　青铜剑

1

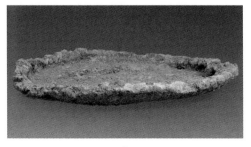

2

图九二　周原出土铜锭（周原博物馆藏）

1. 陕西扶风法门上康村出土　2. 陕西扶风县庄白召李村出土

在铸造的环节中，铸范是非常重要的工具，它的制作和使用直接决定了青铜剑的形制。中原地区铸造业非常繁荣，在侯马白店铸铜遗址，200平方米的发掘区域内就出土了各类陶范3 000余件[1]，包括成套的兵器模范（图九三）、带钩、印章、镜、鼎、盖豆、壶铸范等，纹饰也十分发达，足以显示出当时铸铜规模的宏大。

　　与中原地区不同，北方草原地区主要流行石范，铸造技术也相对比较粗糙，一般都是武器、工具和装饰品等小件的青铜器（图九四、图九五），基本不见大型和复杂的容器。

　　目前考古发现的青铜剑铸范数量并不多，在侯马白店铸铜遗址出土了2件剑柄和剑格的陶模。剑柄模（H15：108），红褐色，基本完整，柄部呈圆柱状，上有二凸棱箍，剑格呈菱形，长8.5厘米，柄部直径1.5厘米（图九六，1）。剑格模（H15：161），红褐色，上饰有错嵌的云纹，花纹面涂黑色物（图九六，2）。从这两件器物看，战国时期的中原青铜剑可能不是一次性整铸的，应该先分别铸出剑身及剑首，将分铸的剑身进行磨削加工，之后夹在柄范中铸接，最后再用相同的工艺铸接剑柄首[2]。

------

[1]　山西省考古研究所：《侯马白店铸铜遗址》，科学出版社，2017年。
[2]　董亚巍：《对侯马白店陶模陶范的研究》，《商周青铜器的陶范铸造技术研究》，文物出版社，2011年。

图九三　青铜戈陶模、范（H15∶1）

　君子之兵：青铜剑与草原文化

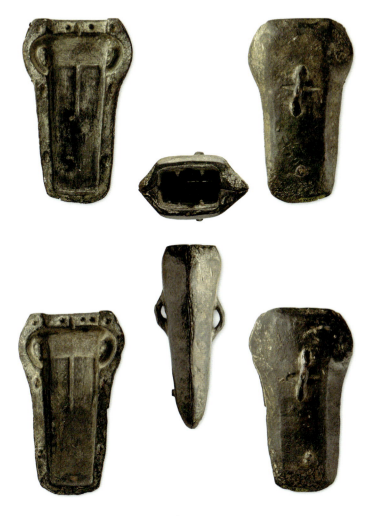

图九四　空首斧石范①（米努辛斯克博物馆藏）

① 吉林大学考古学院、俄罗斯米努辛斯克博物馆：《米努辛斯克博物馆青铜器集萃》，文物出版社，2021年，图281。

图九五　昌平张营遗址出土石范

在内蒙古清水河县西岔文化中也出土了3件青铜剑的陶范，均不完整，分别属于剑身、剑柄和剑格部位（图九七），这些剑范的形制与出土的短剑形制一致，说明当时大部分青铜剑可能是北方本地工匠铸造的。

除铸范以外，合金技术在青铜剑铸造过程中也是非常重要的，直接决定了青铜剑的品质。

在冶铜术发展史上，最早的铜器是红铜，也被称为"纯铜"，所谓纯铜并不是100%的铜，只是冶金意义上的纯铜，即不含任何人为添加合金的铜。纯铜之后出现的是砷铜，即铜砷合金，铜砷共生矿在世界范围内非常普遍，所以砷铜的使用时间较长，在人类冶金史上大概延续了2 000年之久。不过砷铜有很多缺点，它的延展性很好，但硬度较低，所以只适合做装饰品，用于制造工具、武器时，和青铜差距很明显；另外，砷是一种有毒物质，古代的剧毒砒霜的主要成分就是三氧化二砷，所以砷铜具有一定的毒性。而青铜成分稳定且没有砷那样的毒性，相同含量的锡青铜的硬度要高于砷铜，抗拉强度也较砷铜大，所以最终青铜取代了砷铜[1]。我们所说的青铜主要是指铜锡合金或铜锡铅合金，青铜中铅含量高是中国青铜器的一个重要特点。铜的熔点是1 083.4℃，锡的熔点是231.9℃，所以在铜中加入一定

---

[1] 孙淑云、潜伟：《古代铜、砷铜和青铜的使用与机械性能综述》，《攻金集》，科学出版社，2015年。

2

1

图九六　侯马白店遗址出土剑模

1. 剑柄模　2. 剑格模

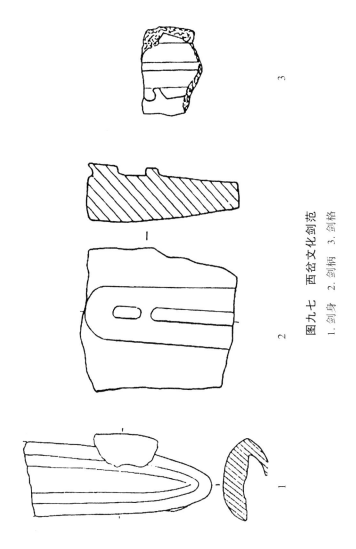

图九七　西岔文化剑范

1. 剑身　2. 剑柄　3. 剑格

比例的锡，会使铜器熔点降低、硬度提高，同时还增强了可铸性。不过锡在13.2℃以下就会由白锡变成灰锡，体积增大而碎成粉，所以金属锡很难保存，这也是锡器发现较少的原因[1]。

古代配制锡青铜时，锡的加入方式可能有三种：第一种是将金属铜和金属锡融化混合；第二种是将金属铜和锡矿石一起加热，锡矿石被还原成锡并进入铜中；第三种是冶炼铜矿和锡矿（或铜锡共生矿）得到锡青铜。夏家店上层文化时期的内蒙古林西大井古代矿冶遗址，通过冶炼铜锡砷共生矿得到的合金锡含量高达20%[2]，这就是直接冶炼铜锡共生矿获得锡青铜的例子。

古人在铸造的过程中，如何来控制合金的比例呢？《周礼·考工记》载："攻金之工：筑氏执下齐，冶氏执上齐，凫氏为声，栗氏为量，段氏为镈器，桃氏为刃。金有六齐：六分其金而锡居一，谓之钟鼎之齐；五分其金而锡居一，谓之斧斤之齐；四分其金而锡居一，谓之戈戟之齐；参分其金而锡居一，谓之大刃之齐。五分其金而锡居二，谓之削杀矢之齐；金、锡半，谓之鉴燧之齐。"这是古人所使用锡合金的六种比例。根据研究，锡的含量不同，青铜器的机械性能差异很大，锡含

---

[1]　陈建立：《中国古代金属冶铸文明新探》，科学出版社，2014年，第110页。

[2]　李延祥、韩汝玢：《林西县大井古铜矿冶遗址冶炼技术研究》，《自然科学史研究》1990年第2期。

量超过5%时，器物的延展性迅速下降，当锡含量超过12%时开始缓慢下降，到25%时延伸率为0，而随着锡含量的增加，器物的硬度逐渐增加。但并不是锡的含量越高，器物的机械性能就越好，当锡含量超过20%时，就变得硬脆。而锡含量在11%~20%范围内时，青铜剑具有最大的强度、较高的硬度和一定的塑性，坚硬且锋利，能够较好地满足作战的需要。铸剑工匠已经较好地掌握青铜剑的合金配比与铸造工艺的关系，并能娴熟地运用到生产实践中。朱开沟遗址出土的最早的青铜短剑锡含量为14.2%[①]，巴蜀青铜剑的锡含量都在13%~15%之间。

另外在公元前6~前4世纪，中国北方青铜器的制作技术中存在着表面镀锡技术。经过镀锡表面处理的铜制品表面能很好地保持银白色光泽，比银便宜，不易生锈，同时还可以减缓铜器的进一步腐蚀，延长铜器的寿命[②]。在甘肃庆阳正宁县后庄出土的一把剑柄上就存在镀锡工艺。这种青铜器表面的镀锡技术，从鄂尔多斯草原传布到四川成都和峡江地区，再到云南古滇国地区。

青铜剑的铸造需要复杂的工序和高超的技艺，那么古时何人负责铸剑呢？在河北丰宁县土城镇东窑村东

[①] 李秀辉、韩汝玢：《朱开沟遗址出土铜器的金相学研究》，《磨砺集：韩汝玢冶金史论文选》，科学出版社，2014年。

[②] 韩汝玢、李秀辉：《鄂尔多斯式铜器制作技术的初步研究》，《磨砺集：韩汝玢冶金史论文选》，科学出版社，2014年。

2 000米潮河东岸东沟道下古墓群清理过一座特殊的墓葬①。墓葬为长方形竖穴土坑石板墓，四壁用自然石板竖砌，前后堵头各为一完整石板，石板盖为四块石板，无铺底石。阳燧盖在死者额、目之处，上面有丝织品的痕迹，周围有散落的小铜泡10枚，腰部左侧放置铜刀、凿、锥和斧等，右侧放置石范、砺石和条石等，右侧脚下放有陶钵形坩埚（图九八）。

在东沟道下墓葬的随葬品中，石范是冶金制造中重要的工具，陶钵形器从形制上看很像冶炼中使用的坩埚，阳燧、砺石和条石等亦可在冶炼过程中使用。也就是说，这座墓葬的很多随葬品都与冶金活动相关联，推测墓主人应该是当时的一个冶金工匠。

东沟道下墓葬冶金工匠随葬生前所使用的冶金工具表明，当时的北方草原地区冶金业可能还没有纳入政府或者部落统一的管理，而是小规模的冶金作坊。因为如果是统一的大规模金属制造业，铸范工具通常不会属于个人，如2003年十大考古发现之一的陕西扶风县李家西周铸铜作坊遗址②，地层和灰坑中出土了大量的陶铸范等铸铜工具，但遗址周围发掘的被认为是冶金工匠的墓葬却没有随葬冶金工具，而且这些冶金工匠集中埋葬（共

① 丰宁满族自治县文物管理所：《丰宁土城东沟道下山戎墓》，《文物》1999年第11期。
② 杨永林：《西周青铜器制作之谜有解了》，《光明日报》2004年4月16日。

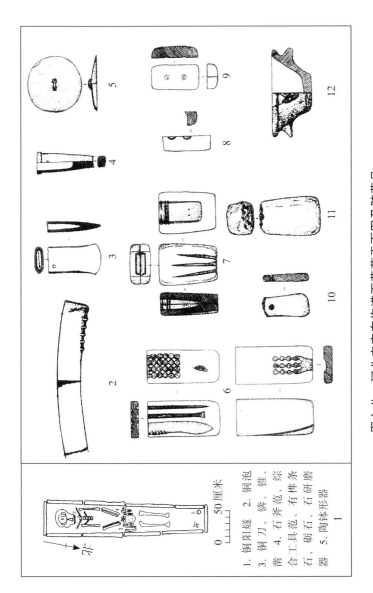

图九八 河北丰宁东沟道下墓葬平面图及随葬品

1. 墓葬平面图 2. 铜刀 3. 铜斧 4. 铜凿 5. 铜阳燧 6、7. 石范 8、9. 条石 10. 砺石 11. 研磨器 12. 陶钵形器

1. 铜阳燧 2. 铜泡 3. 铜刀、铧、锥、综 4. 铜斧、石范、有樽条 凿工具石、石斧范、有樽条 石、砺石、石研磨 器 5. 陶钵形器

35座墓葬），这些都说明李家西周铸铜作坊的冶金工匠已经被纳入统一的管理，他们完全是为贵族或者政府铸造铜器。这与东沟道下墓葬存在本质的区别，因为在东沟道下墓葬中除了冶金工具外，还出土了与铜刀铸范形制一致的铜刀，也就是说这个冶金工匠不仅冶金工具属于自己所有，其生产的部分产品也归自己使用。在北方草原地区，冶金工匠是一个非常特殊的群体，相对自由，而中原地区和北方草原地区在冶金制造的组织和管理方面存在着很大差异。相对而言，中原地区规模化的冶金生产更加发达。

由于南部农业人群冶金技艺高超，北方文化上层人群还向中原寻求专门定制的精美器物，类似于我们当今社会奢侈品的高端定制产品。罗丰教授曾专门对这种现象进行过讨论[①]，主要有两方面的证据，一方面是在中原腹地发现的冶金工匠墓中随葬北方文化典型动物纹的陶模具，以西安北郊34号战国工匠墓为代表，该墓出土的25件陶模具中，至少有13件与北方系纹样有关[②]；另一方面是出土了多件有铭文的北方地区典型的动物纹牌饰和节约。这些证据都说明中原腹地的工匠按照自身传统的制作工艺，替特定人群制作北方艺术品，作为商品或

---

① 罗丰：《中原制造——关于北方动物纹金属牌饰》，《文物》2010年第3期。
② 陕西省考古研究院：《西安北郊战国铸铜工匠墓发掘简报》，《文物》2003年第9期。

者赐物被交换、运送到遥远的北方。战国以后北方地区已经形成了专业化游牧经济，根据王明珂先生的研究，这种经济缺乏农耕民族那种顽强的抗灾能力，人们需要依靠辅助性生业来满足对生活资料的需求，这些辅助性经济包括狩猎、采集、农作、贸易和掠夺[1]。而这些中原工匠为北方人群定制的器物，很可能是在这一背景下通过贸易或其他途径进入北方文化中。类似的情况也发生在境外草原地区的斯基泰文化中，斯基泰文化有大量的希腊文化的器物和希腊与斯基泰文化相融合的器物[2]，这些器物很多都是精美的艺术品，显示了高超的冶金技术，很可能也是希腊地区的工匠专门为斯基泰人制造的（图九九）。如果说中国北方草原地区战国中晚期存在着"中原制造"，那么斯基泰文化中也应该存在着"希腊制造"。这种现象一方面说明游牧人群对邻近地区农业文明技术的依赖，另一方面也说明了农业文明人群通过技术和物质输出，对游牧人群施加影响。

---

[1]　王明珂：《游牧者的抉择》，广西师范大学出版社，2008年。
[2]　Joan Aruz etc, *The Golden Deer of Eurasia, Perspectives on the Steppe Nomads of the Ancient World*, the Metropolitan Museum of Art, New York, 2006.

图九九 斯基泰文化金剑鞘（第聂伯河流域Chertomlyk墓葬）

君子之兵，武士之魂

剑——是一种具备高贵典雅和神秘色彩的传奇武器，进可攻退可守，非常符合儒家的中庸之道，所以也被称为"君子之兵"。千百年来，剑不仅被作为一种风雅佩饰，还是礼仪中彰显等级地位的标志。古今中外，没有任何一种兵器能和剑一样，经千锤百炼，精雕细琢。它装饰华丽，光彩夺目，黄金、美玉和宝石都成为点缀它的附属品（图一○○）。

在草原地区，青铜剑是最重要的短兵器，这种兵器在北方草原地区出现的时间远早于中原地区。早商时期的朱开沟遗址就发现了青铜短剑，而中原的夏文化和商文化均没有具有自身特色的短剑，周人才开始使用柳叶形青铜剑，这可以看出青铜短剑与北方草原文化人群存在密切的渊源。

草原是畜牧和游牧人群的天堂，在古代，草原人群不仅是农业文明的"毁灭者"，同时也是南部定居文明间信息的传播者。草原文化在马匹的驯化，畜群的毛、肉和乳等次生产品的开发与利用，轻型战车和骑兵的普及等众多方面，都发挥了关键作用。不仅如此，草原地

图一〇〇　南俄草原出土
金柄剑（Rostov Oblast,
kurgan 1出土）

区也是北方青铜器的起源地和重要分布区，林沄教授曾有一段著名的论述："中央亚细亚的开阔草原地带，是一个奇妙的历史漩涡所在，它把不同起源的成分在这里逐渐融合成一种相当一致而稳定的综合体，又把这种综合体中的成分，像飞沫一样或先或后地溅湿着四周地区。"①这段论述生动形象地阐释了包括青铜剑在内的北方青铜器的来源、传播和发展。

草原民族受其所处地理环境和自然环境、经济生产和生活方式影响，具有浓厚的尚武精神，因此武士阶层在草原地区具有十分特殊的社会地位。草原地区发现的青铜剑大都出自武士墓葬中，尤其在商周时期，他们的社会地位非常高，高等级的墓葬多为武士墓。以内蒙古的毛庆沟墓地和冀北的玉皇庙文化墓地为例，随葬品丰富的墓葬均为随葬青铜剑的武士墓。可能由于当时的社会战争频繁，生存条件恶劣，能够承担抵御外来威胁或掠夺资源的社会群体——武士阶层，更容易获得尊重，赢取较高的社会地位，因此他们也有能力支配丰富的社会资源，来为自己制作相对精致的青铜剑。社会上层人群也使用一些贵金属和奢侈品，加以繁杂的工艺来制作和装饰自己的短剑，使得随身佩戴且时时刻刻展示在众人眼前的青铜剑与众不同，以彰显身份的特殊。

---

① 林沄：《商文化青铜器与北方地区青铜器关系之再研究》，《林沄学术文集》，中国大百科全书出版社，1998年。

同时草原武士还热衷于在青铜剑上装饰大量的动物纹。动物纹装饰（animal style，也被称为动物风格、野兽纹）是北方民族和草原文化最为显著的标志之一。"动物纹"一词来源于1925年苏联学者M. Rostovtzeff在普林斯顿大学的一次演讲，他当时用这个词来描述希腊罗马艺术所泛生的第二级艺术风格，也借以描述欧亚草原公元前1千纪的艺术①。动物纹的使用不受功用的限制，因此更能体现当地族群的价值观念和文化传统。相较于实用器，动物装饰更能表达当时人群的内心情感，其艺术形式不单纯是草原艺术创造者的个人自我表达，而且与游牧人的生业方式紧密相关，受到他们特定生活方式的影响。

　　动物纹装饰背后反映了深厚的社会背景和意识形态。但是要诠释其用途和涵义却绝非易事，必须要从草原人群看待动物的方式和思维角度来看待这一问题，因为器物所呈现出来的内涵反映着草原人群的精神层面生活。

　　有人认为草原动物纹装饰可能与图腾有关②。法国社会人类学家杜尔干（Emile Durkhein）认为"图腾首先是一种符号，是对另外某种东西有形的表达"，"氏族的神、图腾本原……是氏族被人格化了，并被以图腾动植

① M. Rostovtzeff, *The Animal Style in South Russia and China*, Princeton University Press,1929.
② 张景明：《中国北方游牧民族的造型艺术与文化表意》，知识产权出版社，2013年。

物的可见形式表现在人们的想象中"[①]。图腾实际上是原始人相信某种动物或自然物同氏族有血缘关系或是氏族的保护神，相信它们有一种超自然力，会保护自己，并且还可以获得它们的力量和技能，因而用来作为本氏族的徽号或标志。从草原动物纹装饰的具体情况来看，虽然一个文化可能存在某一种数量较多的动物装饰题材，但同时也存在很多其他动物题材的装饰，因此即使族群和文化中存在着某种动物作为图腾，我们也很难将特定动物与人群的图腾直接联系起来。

另外一种意见是动物纹装饰可能体现了动物崇拜。草原人群长期接触自然界的动物，熟悉各种动物的习性，有些动物的特性是人所不能拥有的，例如鹿的奔跑能力、鸟的飞翔能力、猛兽的攻击能力等。古人认为在使用的器物上装饰这些动物纹可以赋予自己某种能力，也体现了草原人群的自由奔放、崇尚力量的美好愿望。例如，装饰奔跑的鹿可能表达了对自由的向往，装饰猛兽是为了增强自己的勇气和力量，装饰鸟兽合体的神兽则是为了具备猛兽非凡的力量和猛禽飞翔的能力（图一〇一）。

还有一种意见是带有动物纹饰的器物可能被认为具有神奇的力量，可以用来避开邪魔和不幸，作为人群

---

① 杜尔干著，渠东等译：《宗教生活的基本形式》，上海人民出版社，1999年，第276页。

图一〇一　格里芬踏羊金饰件（俄罗斯艾尔米塔什博物馆藏）

图一○二　天山七河地区出土三足铜鍑

的守护神^①。在萨卡文化中流行一种三足铜鍑，足和器身都装饰有动物纹（图一〇二），当时人群可能用以表达避邪或守护器中物的美好愿望，而草原人群身上佩戴的动物纹饰件，除了美观之外，可能也起到护身符的作用。在一些草原部落人群中还流行文身习俗，阿尔泰的巴泽雷克文化，墓葬处于西伯利亚冻土带下，死者的文身得以保存。死者文身的题材多为特殊的动物图案（图一〇三），这些图案大都是现实生活中并不存在的生物，往往集中了两种或多种动物特征，有人称之为幻想动物纹或怪异动物纹^②，林沄教授认为使用者对这一题材有崇拜和敬畏之情，因此称之为神兽题材^③，这种图案的文身也很可能反映了当时人群为了辟邪或增加自己能力的愿望。另外，很多动物纹装饰还可能反映了古代草原民族的宗教信仰，如某种巫术和萨满^④，体现了人们对自然的崇拜和想要与神灵沟通的想法。

对于草原的武士阶层来说，他们很可能认为在青铜短剑这样的武器上装饰这些动物纹，可以在战争中庇佑自己，从而增加自己的勇气，增强战胜敌人的信心，同时也表达了他们对动物能力的崇拜之情，显示出渴望拥有更高

---

① 张文玲：《黄金草原：古代欧亚草原文化探微》，上海古籍出版社，2012年。
② 乌恩：《略论怪异动物纹样及相关问题》，《故宫博物院院刊》1994年第3期。
③ 林沄：《欧亚草原有角神兽牌饰研究》，《西域研究》2009年第3期。
④ 冯恩学：《考古所见萨满之腰铃与牌饰》，《北方文物》1998年第2期。

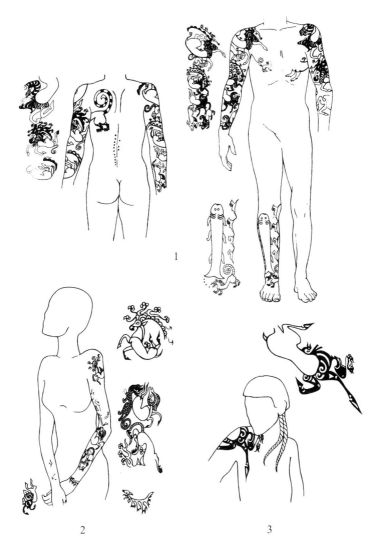

图一〇三　巴泽雷克文化墓葬主人的文身图案

1. 巴泽雷克 M2　　2. 阿克-阿拉哈 3 号墓地 M1　　3. 维勒赫-卡利金 2 号
墓地 M3

图一〇四　卧虎纹柄青铜剑^①（鄂尔多斯博物馆藏）

① 鄂尔多斯博物馆：《鄂尔多斯青铜器》，文物出版社，2006年，第54页。

图一〇五　挪威斯塔万格市哈伏斯峡湾的祭祀剑

级能力的愿望。如在剑柄上装饰老虎的形象，可能希望自己可以如猛虎下山，雄壮威武，勇猛无畏（图一○四）。

剑作为冷兵器时代最重要的武器之一，在战争中发挥着无可替代的作用，因而受到统治者的广泛重视。古希腊历史学家希罗多德在《历史》中讲述了斯基泰人祭祀战神的方式和场景：每个地区都有战神的圣殿，圣殿最上方是有三面峭壁的平台，每年都会在上面堆150车薪材，每个族群在封堆上放置一把古铁剑。这些铁剑就是战神的化身，人们每年都把家畜、牺牲进献给它，并挑选战俘杀死，将战俘的血浇到剑上。这是有关用剑祭祀的文献记载，类似的遗迹在现代仍然存在，挪威斯塔万格市（Stavanger）马德拉（Madla）附近的哈伏斯峡湾竖立着三支巨大的石剑（图一○五），这是为了纪念公元872年挪威的统一之战而竖立的标志性遗迹。无论是文献记载，还是实物遗存，这种以剑祭祀的行为足以显示出这种兵器在战争中的重要地位。

剑作为百兵之王，其历史十分悠久。草原文化作为青铜剑的孕育者，在青铜剑的发展演变过程中发挥了巨大的作用，没有草原文化就没有绚丽多彩的青铜剑。蒙古曾出版过一本非常著名的青铜器图录，名为 *The Sword of Heaven*（《天堂之剑》）[1]，足以显示出剑在草原

---

[1]　Erdenechuluun, *The Sword of Heaven: Culture of Bronze Artefacts of the Bronze Age and Hunnu Empire*, Ulaanbaatar, 2011.

文化中的重要地位。

　　武士是草原民族的中坚力量，他们驰骋疆场，勇猛向前。剑不仅是草原武士的武器，更是他们身份的象征，是君子之兵，武士之魂！

后记

　　一直想写一本读起来不是那么晦涩的书，可是由于种种原因，始终未能成行。而今没有了职称的羁绊，也没有项目的催促，终于可以做一件自己想做的事情了。之所以会选择青铜剑作为主题，是因为它缤纷复杂，是草原文明不可或缺的载体，也是文化交流的重要指示物；另外一个原因是我和它很熟悉，在我的学习和研究方向中，青铜剑始终是一个重要的存在。记得读研究生的时候，有一段时间我一直在整理冀北地区的青铜剑材料，书桌和窗台上摆满了一把把青铜剑图片，隔壁历史系的朋友每次来我寝室时都不忘对此调侃一番，至今仍让我记忆深刻。

　　我参加过很多次考古发掘，但自己真正亲手发掘出青铜剑的经历只有两次：第一次是2002年，在内蒙古林西县井沟子墓地，我清理出了一长一短两把草原文化的青铜剑，非常兴奋，立马和同学武志江摆拍了个"论剑"的照片。第二次是在2017年，涿鹿故城发掘的战国墓中出土了多件典型的中原文化的东周式青铜剑，虽埋藏两千多年，仍锋利无比。自己动手发掘的感受固然更加真实，但更多时候对青铜剑的认识还是依赖发表的图片和博物馆的展品。2018年，在整理俄罗斯米努辛斯克博物馆馆藏青铜器的过程中，我触摸着一件件的青铜剑珍品，惊叹于它们的"盛世美颜"，感受着古代草原人群的文化底蕴，也畅想着自己有一天可以在那里自由翱翔。

写完这本小书，总觉得不甚满意，本来想写一本偏科普的书，结果写着写着就不那么科普了，这是多年养成的考古八股文的写作训练习惯导致的，改来改去最后只能安慰自己说这是一本半科普半学术的书。书中既介绍了各种青铜剑的来龙去脉，也有我对青铜剑和草原文化的理解，希望普通的读者可以看得明白，也期望专业的学生能有所收获。

我相信每个男人都曾有一个武侠梦，想成为拯救世界的英雄，我也不例外，而且这种梦从未停止过，可惜直到今天我都没有拯救过谁。儿时和小伙伴们一起玩耍，挥舞着棍棒，特别想拥有一把宝剑，可以让自己披荆斩棘，战无不胜。而今已过不惑之年，虽仍羡慕金庸笔下的侠客，手持利剑，笑傲江湖，但我已经不再想拥有一把真实的宝剑了，只希望自己心中藏有一把天堂之剑，可以助我斩断烦恼，砥砺前行。

我特别喜欢台湾武侠剧《倚天屠龙记》的片头曲《刀剑如梦》，每次听到周华健的演唱都会让我热血沸腾，一下就可以将我带回曾经的年少，带回到那充满梦想的年代！

我剑　何去何从　爱与恨　情难独钟
我刀　划破长空　是与非　懂也不懂
我醉　一片朦胧　恩和怨　是幻是空
我醒　一场春梦　生与死　一切成空
来也匆匆　去也匆匆　恨不能相逢
爱也匆匆　恨也匆匆　一切都随风
狂笑一声　长叹一声　快活一生
悲哀一生　谁与我生死与共

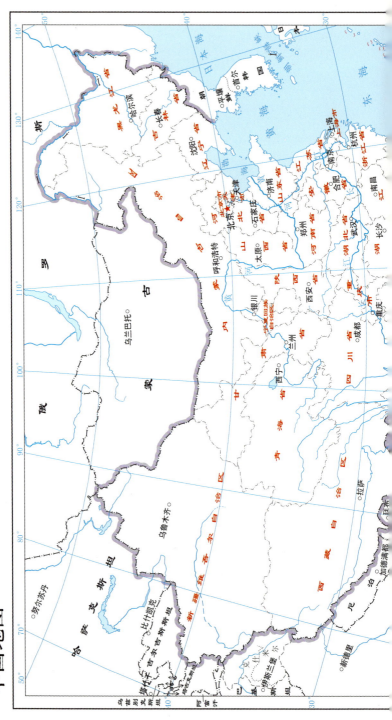

中国地图

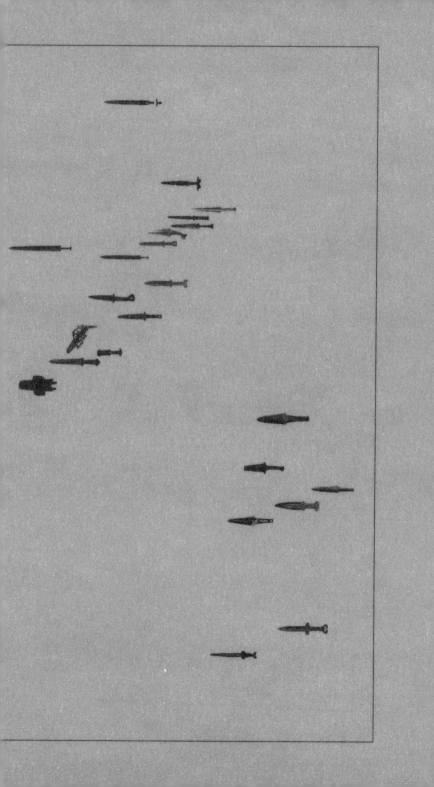

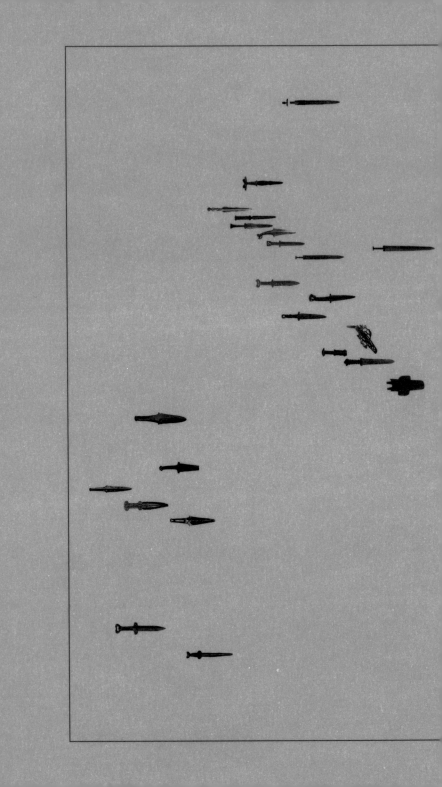

青铜剑时空分布图

图书在版编目书

中国境内

现代

自然资源部 监制

图　例

★ 北京　首都

○ 天津　省级行政中心
　　　　(外国首都、首府)

○ 未定

—————　国界

—————　省、自治区界

—————　特别行政区界

—————　地区界

···········　军事分界线

1 : 30 000 000

审图号：GS(2016)2891号